El temor y nuestra sed de aprobación

El temor y nuestra
sed de aprobación

El temor es algo que todos experimentamos. En este libro, Karla de Fernández nos muestra de dónde viene, cómo se manifiesta en nuestras interacciones con los demás y dónde podemos encontrar la libertad. Estoy seguro de que, entre sus páginas, encontrarán ideas útiles y alentadoras para enfrentar el temor.

Atanasio Segovia, director de Familia Soma

Desde que Adán y Eva fueron arrojados del jardín de Edén, todos los seres humanos sentimos temor, porque es la realidad de nuestra naturaleza caída. Karla nos enseña en este libro que, al alejarnos de Dios, quien es nuestra seguridad y protección, el temor nos esclaviza, y para la eliminación de estos temores, es necesaria una cercanía con Jesucristo, porque «el perfecto amor echa fuera el temor» (1 Juan 4:18).

Karla nos dice que, al buscar la aprobación del hombre, nos alejamos aún más de Dios y, como resultado, aumentan nuestros temores. En su libro, Karla nos demuestra magistralmente el origen, los síntomas y la cura para nuestro pecado y temor: una relación con nuestro Salvador Jesucristo. La buena noticia que ella revela es que, al encontrar nuestra identidad en Cristo y en lo que Él ha hecho por nosotras, ¡quedamos libres y no necesitamos buscar la aprobación de otros! Por eso, Jesús nos dijo en Juan 8:36: «si el Hijo los hace libres, ustedes serán realmente libres». Si quieres entender cómo vivir una vida libre del temor de perder la aprobación de otros, este es tu libro.

Catherine Scheraldi de Núñez, encargada del ministerio de mujeres «Ezer» de la Iglesia Bautista Internacional en Santo Domingo, directora del programa radial *Mujer para la gloria de Dios*

En este libro, Karla diagnostica la condición de toda persona, incluidos los cristianos: todos tememos. Pero ella no deja al lector sin la esperanza de una cura para su condición: el temor de Dios. Este libro es para quien quiere escapar del "lazo" del temor al hombre (Proverbios 29:25). ¿Quién no desea ser libre de esa trampa? ¡Recomiendo *El temor y nuestra sed de aprobación* con entusiasmo!

Daniel Puerto, coordinador editorial en Poiema
Publicaciones y director de Soldados de Jesucristo

La sed de aprobación del hombre es un tema que a todo ser humano le visita en determinados momentos, ya que el pecado mora en nosotros. Mi querida amiga Karla hace una descripción sencilla, pero bíblica, de la sed de aprobación y nos da una descripción hermosa de la esperanza que encontramos en Cristo. Este libro te ayudará a entender aquellos temores que puedes estar experimentando si estás buscando la aprobación de otros. Sin importar las circunstancias que te han llevado ahí, te brinda la esperanza de la hermosa providencia de Dios para tu vida por medio de su Hijo Jesucristo. Te lo recomiendo de todo corazón.

Liliana Llambés, misionera de la International Mission
Board, conferencista, escritora y autora de *7 disciplinas
espirituales para la mujer*, blog: liliana.llambes.org

Al leer estas páginas, las palabras de Karla agitaron mi corazón con la verdad de que disfrutamos de un Dios que nos ama. Este libro me ha animado a buscar más en las Escrituras y en mi corazón, con la convicción de que somos aceptadas en el Amado.

Nedelka Medina, esposa, madre, traductora y
coordinadora editorial de Tim Challies en español

Leer las palabras de Karla, plasmadas en estas páginas, me hizo recordar la gran verdad del temor que suelo tener al hombre. Del mismo modo, su honestidad personal y las historias de otras personas me llevaron a pensar en la realidad de mi corazón. Fue muy reconfortante recordar mi esperanza en Cristo. Sin duda, después de leer sus líneas magistralmente escritas, solo puedo decir: «¡Gracias!».

Con su envolvente estilo para escribir, Karla nos muestra la realidad de nuestro temor, su origen y el remedio: nuestra identidad en Cristo. Nos recuerda que «nuestra identidad está ligada a lo que amamos con todo nuestro ser, lo que nos ofrece esperanza, lo que nos da plenitud; es decir, encontramos nuestra identidad en el objeto de nuestra adoración». Desde allí nos lleva a través del evangelio para recordarnos que es al Dios Trino a quien debemos alzar nuestra mirada, entregar nuestro corazón, y en quien debemos poner nuestra esperanza.

Rudy Ordoñez, pastor de la Iglesia Presbiteriana Gracia Soberana en Tegucigalpa, Honduras, y director editorial de Soldados de Jesucristo

El temor
y nuestra

sed de aprobación

KARLA DE
FERNÁNDEZ

EDITORIAL
PORTAVOZ

Maries, Were y Alejana Queo:
La vida de cada una de ustedes en estos últimos años
me ha enseñado mucho acerca de la importancia
de no temer a las circunstancias, a las personas,
ni al futuro; sino confiar y esperar en Dios.
Las amo más de lo que puedo expresar en palabras.

Contenido

Prólogo

CRECÍ EN UN contexto religioso donde era de mucha importancia mantener a todos convencidos de que éramos niños bien portados. Mi papá es pastor, y de niño llegué a creer que mi conducta reflejaba sobre su ministerio. Si me portaba mal, la gente pensaría que él era un mal pastor. Si me portaba bien, entonces todos lo respetarían.

Por años no me percaté de cuánta energía dedicaba a complacer a las personas a mi alrededor. Estaba abrumado con el temor a las personas. Su juicio sobre mi conducta me hacía sentir rechazado. Su afirmación de mi conducta era mi salvador. En pocas palabras, lo que gobernaba mi conducta era el temor al hombre… y hasta el día de hoy sigue siendo una gran lucha.

El temor es una emoción tremendamente compleja. Dios nos ha dado la capacidad de tener ciertas reacciones químicas que nos alertan de peligro, nos ayudan a no repetir situaciones dañinas y nos dan la energía necesaria para reaccionar con rapidez. Al mismo tiempo, por los efectos corrosivos del pecado, todo nuestro cuerpo, nuestra alma y nuestra mente no funcionan como Dios diseñó que funcionaran.

Ahora tememos cosas que no merecen nuestra atención. Exaltamos las opiniones de otros, el respeto y la afirmación de personas importantes. Ocultamos nuestras debilidades y fallos por temor a lo que dirán otros o para evitar el dolor de la vergüenza. Hacemos ejercicio más de la cuenta y practicamos cada dieta que está de moda por temor al deterioro de nuestro cuerpo. Nos afanamos por nuestra situación financiera por temor a quedarnos sin recursos.

En otros casos, hemos sido criados por personas temerosas que buscaban controlar cada aspecto de nuestra conducta. O peor, personas que se aprovecharon de nosotros, abusaron, nos ignoraron y nos dejaron llenos de heridas. Estas experiencias alteran nuestro sistema nervioso y afectan las formas y las cosas que tememos.

El listado pudiera ser mucho más largo, y no todos esos temores son iguales. Algunos de esos temores abren la puerta para crecer en sabiduría, pero otros nos debilitan e impiden pensar con claridad. Algunos nos protegen de imprudencia, mientras que otros facilitan nuestra insensatez. El temor es una emoción tremendamente compleja.

Desde que, en lo personal, empecé a meditar más en el temor, he buscado diferentes pasajes que hablan del tema. Obviamente, hay muchos que tratan de la importancia de temer a Dios. El punto no es tenerle miedo, sino honrar su opinión y voluntad sobre todo lo demás. Puesto de otra forma, el temor de Dios busca complacer a Dios en todo lo que pensamos y hacemos.

Entre todos los pasajes, hay dos a los cuales he regresado vez tras vez, y se han vuelto para mí un consuelo tremendo.

> Busqué al Señor, y Él me respondió, y me libró de todos mis temores. *Los que* a Él miraron, fueron iluminados; sus rostros jamás serán avergonzados. Este pobre clamó, y el Señor le oyó, y lo salvó de todas sus angustias. El ángel del Señor acampa alrededor de los que le temen, y los rescata. Prueben y vean que el Señor es bueno. ¡Cuán bienaventurado es el hombre que en Él se refugia! Teman al Señor, ustedes Sus santos, pues nada les falta a aquellos que le temen (Salmos 34:4-9).

En este pasaje vemos una invitación a que busquemos al Señor, ya que, al refugiarnos en Él, Él nos podrá librar de nuestros temores.

En ningún momento nos da a entender el autor que esto será algo fácil, pero sí que será posible. No tenemos que vivir como esclavos a nuestros temores, sino que aquel quien es superior a nuestros temores y también a lo que tememos, es capaz y poderoso para librarnos.

No solo eso, el salmista nos afirma y promete que sí deberíamos probar y ver que Dios es bueno. O sea que el temor de Dios al que nos invita el salmista no es miedo a un ser malvado, sino que, más bien, es honor a un Padre bueno.

El otro pasaje que siempre me es de enorme consuelo es Salmos 103:13-14:

Como un padre se compadece de *sus* hijos, así se compadece el Señor de los que le temen. Porque Él sabe de qué estamos hechos, se acuerda de que solo somos polvo.

De la manera tierna y gentil que un buen padre cuida de sus hijos, así cuida Dios a los que lo priorizan a Él sobre todas las cosas. Obviamente, eso es de gran consuelo en medio de nuestros temores. Como un niño atemorizado por algo que escuchó en la casa a media noche, podemos acercarnos a Dios y Él nos recibirá con compasión.

Pero lo que más me anima de este pasaje es que David afirma que Dios conoce de qué estamos hechos. Puesto de otra manera: Dios sabe que somos débiles, ansiosos, preocupados, en pocas palabras, temerosos. Él se acuerda de eso y responde en compasión y amor a aquellos que se refugian en Él.

El temor es una emoción tremendamente compleja. Con el acompañamiento de Karla en este libro, el Espíritu Santo nos puede ayudar a desenredar esa complejidad para, a final de cuentas, encontrar nuestra seguridad y nuestro refugio en el Único que es digno de nuestro temor.

Justin Burkholder
Pastor de la Iglesia Reforma y director de TEAM
(The Evangelical Alliance Mission) para México y Centroamérica

Introducción

El temor a las personas y la sed de aprobación

¿HAS SENTIDO CÓMO se seca tu boca cuando alguien te hace una pregunta en público? ¿Has notado cómo tus piernas tiemblan cuando debes dar tu opinión sobre algo que no conoces? ¿Te has quedado sin palabras cuando te presentaron a la persona que más admiras? Eso se debe a que sientes temor: temor a alguna situación, a lo desconocido o a las personas.

Te entiendo, yo también he tenido esas experiencias a lo largo de mi vida. Quisiera decir que han sido pocas, pero honestamente, si busco entre mis recuerdos las veces que sentí temor a algo, a alguna situación o a alguien en específico, seguro te podría escribir un pergamino largo.

En ocasiones sentía temor y se manifestaba en lo que te mencioné al principio, aunque había momentos en los que, a pesar de que estaba experimentando temor, lograba controlarlo y nadie se daba cuenta. Otras veces, por más que intentaba disimular u ocultarlo, era evidente para los demás.

Nunca he sido buena para hablar en público. Para hacerlo debo estudiar mucho lo que expondré. Dedico días a escribir palabra por palabra lo que quiero decir; leo una y otra vez en voz alta, y en diversas ocasiones, me grabo para verificar que lo que escribí sea justo lo que quiero decir. Con el tiempo he ido mejorando y he aprendido de otras personas que son muy buenas enseñando en público, pero he de reconocer que no es mi fuerte. Soy más de escribir que de hablar en público.

Bueno, cuando salió mi primer libro publicado, me solicitaron que grabara unos videos conversando con personas de la editorial para presentarme como escritora y hablar del contenido del libro. Me encantó la idea; estaba emocionada de hacerlo. Era una plática informal entre nosotros, y estábamos bebiendo café para afinar los detalles y comenzar a grabar. Realmente estábamos en un ambiente de confianza y nos sentíamos en familia. Todo iba bien hasta ahí.

El momento llegó. Prendieron las luces de grabación, las cámaras y, de pronto, cuatro pares de ojos estaban mirándome fijamente para comenzar a hacerme preguntas. Recuerdo que por fuera, parecía estar relajada. Mi postura era de total confianza; mi lenguaje corporal manifestaba que estaba cómoda (lo sé por los videos y las fotos que tomaron); pero por dentro, estaba gritando y temblando. Comencé a experimentar un calor interno que lo atribuí al café, pero sabía que era el temor que estaba haciendo estragos en mí. ¿Sabes cuándo me di cuenta de que estaba al borde del colapso? Cuando tomé la taza de café, y mi mano temblaba tanto como la de la Liebre de Marzo, cuando toma el té con el Sombrerero Loco, tal como se ve en la película de *Alicia en el país de las maravillas*.

No siempre podemos ocultar el temor ni tampoco controlarlo. En ocasiones nos embate de frente con todo su furor y actuamos en respuesta a eso. A veces respondemos correctamente, otras veces podemos actuar de forma que nos hiere o que hiere a otros. Sin embargo, no somos las únicas que lo hemos experimentado. La Biblia nos narra las historias de hombres y mujeres que también lo vivieron y podemos aprender mucho de ellos.

Así que, como podrás darte cuenta, este es un libro que habla acerca del temor de una forma general, pero también en situaciones específicas para que todas nosotras podamos reconocer si existe temor en nuestros corazones. El temor es bueno en algunas circunstancias, pero en otras es muy dañino.

Todos los seres humanos experimentamos temor a lo largo de nuestra vida y lo haremos hasta el día en que bajemos al sepulcro. Sin embargo, eso no significa que seamos presas o que esos temores nos mantendrán esclavizadas toda la vida, aunque hay algunos que persisten más que otros y que son más evidentes en determinadas personas.

Por ejemplo, la mayoría de los temores que tienen que ver con otras personas, en el fondo tienen su raíz en la búsqueda de aprobación. No nos sentimos capaces de hacer, decir o actuar de determinada manera, pero queremos que otros reconozcan que sí somos capaces. Tenemos sed de su aprobación y se manifiesta por medio del temor a su respuesta.

A lo largo de este libro encontrarás muchas referencias del temor a las personas asociado con la sed de aprobación. Estamos sedientas de ser vistas, de ser aprobadas y de que nos afirmen. Sedientas de que nuestros actos sean aceptables a otros, a fin de darnos una seguridad que no tenemos en nosotras mismas.

El temor a las personas que resulta de nuestra sed de su aprobación nos llevará a actuar de maneras que quizá ni nos imaginamos. Por esta razón, este libro está dividido en dos partes. En la primera encontrarás qué es el temor, qué es el temor a las personas, cómo se manifiesta y qué dice la Biblia acerca de ese temor.

En la segunda parte, después de que juntas hayamos analizado si hay temor en nuestros corazones, encontrarás que saber quiénes somos en Cristo nos ayuda a vencer el temor a las personas un día a la vez. Asimismo, hay un temor mejor y mayor al que todos los seres humanos hemos sido llamados a experimentar, pero solo se ha sembrado en el corazón de algunos. De ese temor también quiero hablarte. Quizá sea este el momento, mujer, de que todos esos temores que han opacado tu brillo queden al descubierto, y la luz de Cristo ahora brille a través de ti.

Por último, al final de cada capítulo, encontrarás una serie de preguntas que van dirigidas a ti con la finalidad de que puedas autoexaminarte y responder de acuerdo a lo que hayas aprendido.

También se pueden usar estas preguntas en clubs de lectura o en los grupos de mujeres en la iglesia. La finalidad de esto es crear un espacio donde las mujeres se sientan con confianza, las unas con las otras, para compartir sus luchas, rendir cuentas y encontrar apoyo en oración.

Debo aclarar que no se trata de un libro de autoayuda. No es un libro que te dé reglas o pasos a seguir para salir del temor a las personas porque, con el paso de los días y también con la lectura de la Biblia, te darás cuenta de que ya hemos recibido todo lo que necesitamos para vivir la vida de manera que honre y dé gloria a Dios. La fórmula no está en un libro, sino en lo que recibimos de parte de Dios en Cristo Jesús por medio de su Espíritu Santo.

Antes de continuar la lectura, te quiero pedir una cosa: ora. Yo he estado orando para que este libro sea de bendición a tu vida y te muestre si has estado viviendo con un temor que te ha dañado a ti personalmente o perjudicado tus relaciones con los demás. Ora conmigo para que el Espíritu Santo nos traiga convencimiento y nos empodere en su Palabra para vivir la vida en la libertad que Cristo nos ha dado, y que su evangelio sea más real en nosotras cada día.

Busquemos al Señor que nos libra de todos nuestros temores (Salmos 34:4). Avancemos en esta travesía mientras descubrimos si experimentamos esa insaciable sed de aprobación que nos provoca el temor a las personas.

«Porque Yo soy el Señor tu Dios, que sostiene tu diestra,
que te dice: "No temas, Yo te ayudaré"» (Isaías 41:13).

Capítulo 1

Todas tememos

El temor de Dios es el terreno santo que produce una vida piadosa. La ausencia del temor de Dios es el terreno profano que produce una vida impía.

Albert N. Martin[1]

AQUELLA TARDE CONDUCÍA lentamente por la avenida que me llevaba hacia la iglesia donde, por primera vez, como la recién nombrada «líder del ministerio de mujeres», enseñaría delante de un gran auditorio.

Mientras conducía y cantaba una alabanza, oraba al Señor, porque la idea de estar ante el auditorio, simplemente, me aterraba. Iba sola en mi auto, así que podía hablar en voz alta y clamar a Dios por su ayuda oportuna.

Me recordaba una y otra vez para animarme: «No es la primera vez que lo haces», «has dado conferencias a cientos de mujeres, y Dios se ha glorificado», «estás frente a mujeres de tu iglesia local, no temas». ¡No temas!

Esa era la realidad; temía mucho lo que pudiera suceder mientras estuviera en el pódium dando la enseñanza. Temía al pensar

---

1. Albert N. Martin, *El temor olvidado* (North Bergen, NJ: Publicaciones Aquila, 2015), pp. 107-108.

en que los ojos de tantas mujeres estarían mirándome fijamente. Pero temía algo más. Me paralizaba la idea de que mis pastores, a quienes admiro mucho por la forma en la que predican, estuvieran al fondo del auditorio escuchando y viendo cómo me desenvolvía frente al grupo al que ellos me habían nombrado líder.

Al pie de la plataforma, mientras el grupo de alabanza entonaba un canto, por más que trataba de animarme, de recordar que Dios tiene el control soberano y que por su gracia estaba en ese lugar, mis manos sudaban y mis piernas de repente las sentía tan pesadas que pensé que no podría subir los escalones.

Cuando por fin llegó el momento de subir, lo hice sin demora, coloqué mis notas frente a mí y comencé a hablar. Recuerdo que tartamudeé un poco, aclaré mi garganta y seguí hablando mientras todos los ojos estaban puestos en mí. Comencé a transpirar y, poco a poco, mi garganta comenzó a cerrarse; hice un esfuerzo y seguí hablando. No recuerdo cuánto tiempo duró mi enseñanza, solo quería que todo terminara para poder bajar de ahí y que desapareciera el tormento que estaba experimentando en mi interior.

No tenía ni idea de que todo empeoraría cuando uno de mis pastores se acercó a mí y le pedí que me diera su retroalimentación. Él me habló acerca de mis errores y lo que consideraba que debía cambiar y mejorar. Tenía razón; había dado una enseñanza llena de miedo y con un fin específico en mente: ser aprobada por ellos, mis pastores. Sin darme cuenta, estaba buscando mucho más la aprobación humana, que la aprobación divina.

Porque ¿busco ahora el favor de los hombres o el de Dios? ¿O me esfuerzo por agradar a los hombres? Si yo todavía estuviera tratando de agradar a los hombres, no sería siervo de Cristo (Gálatas 1:10).

Sin darme cuenta, estaba buscando la aprobación de mis pastores porque temía a las personas más que a Dios. ¿A qué me refiero con temer a las personas? Edward T. Welch, en su libro *Cuando la gente es grande y Dios es pequeño*, lo define de la siguiente manera:

> En el sentido bíblico, la palabra «temor» tiene un significado amplio. Incluye tener miedo de alguien, pero el significado se extiende hasta mostrar admiración por alguien, ser controlado o dominado por la gente, adorar a otras personas, poner nuestra confianza en ellas, o necesitarlas. […] Como sea que quieras decirlo, el temor al hombre puede ser resumido de esta manera: reemplazamos a Dios por la gente.[2]

Eso fue justo lo que hice aquella tarde. Me olvidé por completo de buscar la aprobación de Dios al compartir su Palabra con valentía y con el fin de que Él fuera glorificado en las vidas de todas las mujeres que se habían reunido a escuchar una enseñanza bíblica. Por supuesto que muchos corazones fueron tocados y animados a buscar más de Dios, pero no fue por mí ni por la forma en la que expuse las Escrituras que, sobra decir, fue deficiente, sino porque Dios se glorifica a sí mismo por medio de su Palabra.

La realidad es que todos los seres humanos temen a las personas, en mayor o menor escala, desde que nacen —y eso te incluye a ti y a mí—. Si nos guiamos por la definición de Edward T. Welch, todas estamos sedientas de aprobación porque todas admiramos

. . . .

La realidad es que todos los seres humanos temen a las personas, en mayor o menor escala, desde que nacen.

. . . .

---

2. Edward T. Welch, *Cuando la gente es grande y Dios es pequeño* (Moral de Calatrava, España: Editorial Peregrino, 2014), p. 15.

a alguien. En algún momento de nuestra vida, nos hemos sentido controladas o dominadas por alguien más, hemos adorado a las personas, confiado en la gente y necesitado a otros mucho más de lo que podríamos adorar, confiar y necesitar a Dios.

Por supuesto, todo esto nos hace estar sedientas de la aprobación de los demás, porque nos gusta sentirnos amadas, necesitadas y admiradas; que otros reconozcan nuestro valor y que confíen en nosotras. Es decir, tememos a otros, pero en el fondo puede ser que, de manera inconsciente, nos guste ser temidas por otros también.

Entonces, si todos los seres humanos tememos a las personas y nos gusta ser temidas, ¿es ese temor algo con lo que fuimos creadas?

El inicio del temor

Para poder responder esa pregunta, debemos irnos al principio de la historia, donde todo lo creado era perfecto y sin mancha. Veamos de cerca un poco de la vida de Adán y Eva, los únicos seres humanos que tuvieron la oportunidad de vivir en perfección total:

> Dios creó al hombre a imagen Suya, a imagen de Dios lo creó; varón y hembra los creó. [...] Ambos estaban desnudos, el hombre y su mujer, pero no se avergonzaban (Génesis 1:27; 2:25).

No había nada perverso en sus corazones; no había motivo alguno para sentir vergüenza por estar desnudos, por presentarse uno a otro, frente a frente, tal cual eran. Ninguno de ellos buscaba aparentar ser alguien que no era. Tampoco buscaban ser aprobados por el otro para encontrar satisfacción y sentirse o saberse amado. Ninguno de los dos tenía la necesidad de sentirse alabado, admirado o necesitado por el otro de forma pecaminosa, porque aún no existía el pecado.

Ellos eran completamente libres de presentarse frente al otro sin temor a ser rechazados o humillados; sin temor de sentir que no llenaban un estándar y, por el contrario, sin necesidad de sentirse superior al otro y merecedor de alabanza y reconocimiento.

Sin embargo, esa condición cambió drásticamente con la entrada del pecado al corazón de Adán y Eva. Leemos la historia y, aunque pareciera algo tan sencillo, la realidad es que tuvo consecuencias catastróficas para la humanidad.

Eva fue seducida por la voz de la serpiente que le presentaba un plan «mejor» que el de Dios. ¡Ellos serían como Dios! Ella fue engañada y pecó. Desde la caída deseamos ser amadas porque creímos la mentira de Satanás de querer ser como Dios (Génesis 3:5).

Cuando la mujer vio que el árbol era bueno para comer, y que era agradable a los ojos, y que el árbol era deseable para alcanzar sabiduría, tomó de su fruto y comió. También dio a su marido que estaba con ella, y él comió. *Entonces fueron abiertos los ojos de ambos, y conocieron que estaban desnudos; y cosieron hojas de higuera y se hicieron delantales* (Génesis 3:6-7, cursivas añadidas).

Adán y Eva estaban juntos en el huerto disfrutando del paraíso, de la presencia y comunión con Dios de manera perfecta, pero, al desobedecer el mandato divino de no comer de ese árbol (Génesis 2:15-17), ellos quebrantaron los límites que Dios de forma soberana había establecido.

Ahora ellos habían pecado. Seguían con vida, pero algo había cambiado en su imagen. La imagen de Dios en ellos había sido distorsionada. Ahora ellos veían a Dios con miedo a su ira y su justicia. No solo eso, sino que la forma de verse uno a otro también había cambiado; ahora se veían con temor, con vergüenza, con culpa.

¿Qué dice la Escritura acerca de temer a las personas?

Nada volvió a ser igual que al inicio. El pecado había entrado ya en sus vidas, en sus corazones; esa comunión perfecta entre ellos y su Creador ahora estaría rota y, en lugar de estar unidos en una sola carne para complementarse y cumplir el propósito de Dios, ahora lucharían por reconstruir una unión que se vería afectada por el pecado.

«En gran manera multiplicaré tu dolor en el parto, con dolor darás a luz los hijos. Con todo, tu deseo será para tu marido, y él tendrá dominio sobre ti» (Génesis 3:16).

Las relaciones personales dañadas entre los seres humanos nos muestran que la relación personal con Dios también está dañada. Cuando tememos a las personas es porque han ocupado el lugar que solo le corresponde a Dios, un lugar donde pareciera que los seres humanos son más poderosos que Dios. Tememos a las personas creadas a la imagen de Dios porque no tememos a Dios. Les tememos porque no amamos a Dios lo suficiente.

. . . .

Tememos a las personas creadas a la imagen de Dios porque no amamos a Dios lo suficiente.

. . . .

Sin embargo, la Escritura tiene mucho que decirnos acerca de este temor, cómo se manifiesta en la vida del creyente, pero también cómo lo ve Dios. Por ejemplo:

El temor al hombre es un lazo, pero el que confía en el Señor estará seguro (Proverbios 29:25).

«Yo, Yo soy su consolador. ¿Quién eres tú que temes al hombre mortal, y al hijo del hombre que como hierba es tratado?» (Isaías 51:12).

«Así que Yo les digo, amigos Míos: no teman a los que matan el cuerpo, y después de esto no tienen nada más que puedan hacer. Pero Yo les mostraré a quién deben temer: teman a Aquel que, después de matar, tiene poder para arrojar al infierno; sí, les digo: ¡A Él, teman!» (Lucas 12:4-5).

En el amor no hay temor, sino que el perfecto amor echa fuera el temor, porque el temor involucra castigo, y el que teme no es hecho perfecto en el amor (1 Juan 4:18).

Cuando tememos a las personas es porque han ocupado el lugar que solo le corresponde a Dios.

Ellos temieron a otros

En los capítulos siguientes trataremos con más detalle cómo se ve el temor a las personas, y cómo podemos vencer ese temor y vivir en completa libertad para temer a Dios de manera que le honre y dé gloria a su Nombre.

Por lo pronto, considero necesario abordar algunos ejemplos de personajes de la Biblia que temieron a sus semejantes. Como mencioné antes, esto puede verse al mostrar admiración por alguien, ser controlado o dominado por otros, adorar a las personas, poner la confianza en ellas o necesitarlas.

Adán

Antes de la caída, Adán y Eva estaban desnudos. Sin embargo, ambos vivían en total santidad y no se avergonzaban ni se miraban uno al otro de forma pecaminosa, porque aún no había pecado en ellos. Ninguno buscaba la aprobación del otro; no necesitaban sentirse admirados. Incluso, no necesitaban sentirse amados porque el amor de Dios abundaba y llenaba sus corazones. Estaban completos en Dios para glorificarlo a Él.

Con la entrada del pecado, lo que antes era algo revestido de santidad, sin vergüenza y sin mancha, ahora había sido distorsionado. Ya no se veían igual que antes.

El pastor y teólogo John MacArthur, en el comentario a Génesis 3:7 en su *Biblia de estudio*, dice lo siguiente:

> *El temor a las personas nos llevará a buscar la aprobación de estas para sentirnos seguros.*

La inocencia observada en [Génesis] 2:25 había sido reemplazada por la culpa y la vergüenza (vv. 8-10), y desde entonces tuvieron que apoyarse en su conciencia para distinguir entre el bien y su nueva capacidad adquirida de ver y conocer el mal.[3]

Lo que antes veían a través de la santidad que los revestía de manera perfecta, ahora comenzarían a verlo de forma pecaminosa, buscando el bien para sí mismos antes que el bien del otro. El temor a las personas nos llevará a buscar la aprobación de estas para sentirnos seguros.

Abraham

Hubo un hombre en el Antiguo Testamento llamado Abram (luego Dios le cambió el nombre a Abraham), quien vivía en una tierra llamada Ur. Dios tenía un propósito divino para él y su esposa

---

3. *Biblia de estudio MacArthur* (Nashville, TN: Grupo Nelson, 2015), p. 20.

Sarai, pero, para llevarlo a cabo, debían salir de la tierra donde habitaban para dirigirse a un nuevo lugar donde Dios les mostraría el plan que tenía para ellos (Génesis 12:1-3).

En su peregrinar hacia esa tierra desconocida, Abram decidió irse a Egipto por causa de una hambruna que sobrevino en la tierra (Génesis 12:10); no obstante, Abram tuvo temor, no por la falta de alimentos, sino que temió a otros hombres. La Biblia nos narra ese suceso:

> Pero hubo hambre en el país, y Abram descendió a Egipto para pasar allí un tiempo, porque el hambre era severa en aquella tierra. Cuando se estaba acercando a Egipto, Abram dijo a Sarai su mujer: «Mira, sé que eres una mujer de hermoso parecer; y sucederá que cuando te vean los egipcios, dirán: "Esta es su mujer"; y me matarán, pero a ti te dejarán vivir. Di, por favor, que eres mi hermana, para que me vaya bien por causa tuya, y para que yo viva gracias a ti» (Génesis 12:10-13).

El temor a las personas incluye temor a ser lastimado o herido, ya sea de manera física o emocional. En este caso, Abram mintió para salvarse de ser lastimado físicamente. Temió perder su vida. En ocasiones, el temor a otros nos llevará a pecar.

Lot

En el libro de Génesis encontramos la historia de un hombre llamado Lot, sobrino de Abram. Lot salió junto con Abram y Sarai de la tierra de Ur de los caldeos (Génesis 12:5). La historia nos muestra que Abram y Lot se separaron en su peregrinar, porque ambos tenían demasiadas posesiones y no podían morar en un mismo lugar (Génesis 13:1-6).

Lot eligió irse a una tierra llamada Sodoma, donde la lujuria y la inmoralidad eran el distintivo de los que vivían ahí. «Pero los hombres de Sodoma eran malos y pecadores en gran manera contra el Señor» (Génesis 13:13).

Tiempo después, Lot tuvo la visita de ángeles que fueron a rescatarlo a él y a su familia de la inminente destrucción de Sodoma, que vendría de mano de Dios como consecuencia del pecado que abundaba en ese lugar (Génesis 19:15).

Sin embargo, cuando los habitantes de la ciudad rodearon su casa buscando con desesperación a los ángeles: «Y le gritaron a Lot: —¿Dónde están los hombres que llegaron para pasar la noche contigo? ¡Haz que salgan para que podamos tener sexo con ellos!» (Génesis 19:5, NTV), Lot los llamó «mis hermanos» (v. 7) y respondió a sus demandas ofreciendo a sus propias hijas para que se deleitaran con ellas y no con los ángeles (Génesis 19:7-8).

La historia de Lot nos muestra cómo el temor a la gente nos puede llevar a actuar sin razonar primero, exponiendo a otros al peligro sin medir las consecuencias.

Moisés

La Biblia nos dice que «Moisés era un hombre muy humilde, más que cualquier otro hombre sobre la superficie de la tierra» (Números 12:3). Este Moisés es aquel niño que fue rescatado por la hija del Faraón de Egipto, mientras la canasta donde su madre lo había escondido, siendo un bebé, flotaba en el río donde la hija de Faraón se estaba bañando. La madre de Moisés tomó la decisión de ponerlo en esa canasta para salvarlo, pues el bebé corría peligro de ser asesinado junto a todos los bebés hebreos, por orden del mismo Faraón (Éxodo 2:1-6).

Con el paso de los años y por providencia y gracia de Dios, Moisés, un hombre hebreo que creció siendo parte de la familia de Faraón, llegó a ser el líder de Israel y guio al pueblo hebreo a la tierra que Dios les había prometido a Abraham, a Isaac y a Jacob (Éxodo 33:1).

Sin embargo, Moisés, un hombre humilde y líder que guio al pueblo hebreo a la libertad, quien hablaba cara a cara con Dios como quien habla con un amigo (Éxodo 33:11), también experimentó el temor a las personas.

En una ocasión, cuando era joven y vivía en Egipto en el palacio de Faraón, para defender a un esclavo hebreo asesinó a un egipcio (Éxodo 2:11-12). La Palabra de Dios nos dice qué sucedió después de ese incidente:

> Al día siguiente salió y vio a dos hebreos que reñían, y dijo al culpable: «¿Por qué golpeas a tu compañero?». «¿Quién te ha puesto de príncipe o de juez sobre nosotros?», le respondió el culpable. «¿Estás pensando matarme como mataste al egipcio?». Entonces Moisés tuvo miedo, y dijo: «Ciertamente se ha divulgado lo sucedido». Al enterarse Faraón de lo que había pasado, trató de matar a Moisés. Pero Moisés huyó de la presencia de Faraón y se fue a vivir a la tierra de Madián, y *allí* se sentó junto a un pozo (Éxodo 2:13-15).

Esta porción bíblica nos muestra uno de los efectos que produce el temor a las personas. En este caso no fue para buscar su aprobación, sino al sentirse controlado o dominado por ellas. El temor a las personas nos llevará a huir de nuestras responsabilidades y de nuestros actos por temor a las consecuencias.

> El temor a las personas nos llevará a huir de nuestras responsabilidades y de nuestros actos por temor a las consecuencias.

Pedro

Por último, el apóstol Pedro es, quizás, uno de los ejemplos que más citamos cuando hablamos acerca del temor a las personas. El apóstol caminó durante tres años con Jesús, y vio los milagros, las sanidades y a las multitudes seguirlo para escuchar lo que tenía que decir. El mismo Jesús había anunciado a Pedro y al resto de los discípulos que había venido al mundo para morir por los pecadores y cómo todos ellos se escandalizarían y lo dejarían solo. Después de todo esto, Pedro audazmente declaró que lo seguiría hasta la muerte (Mateo 26:30-35).

Sucedió tal cual lo había dicho Jesús. Cuando arrestaron a Jesús, todos huyeron, y Pedro lo siguió de lejos hasta el patio del sumo sacerdote (Mateo 26:58). Allí, una mujer se le acercó diciendo que él también era de los que andaban con Jesús, y Pedro lo negó por primera vez (vv. 69-70). Poco después, en dos ocasiones más, Pedro negó a Jesús por temor a aquellos que podían entregarlo junto con Jesús. «Entonces él [Pedro] comenzó a maldecir y a jurar: "¡Yo no *conozco al hombre*!"» (Mateo 26:74, cursivas añadidas).

No cabe duda de que, en muchas ocasiones, el temor a las personas nos llevará a negar nuestra fe y a negar a Cristo, tal vez no con nuestras palabras, pero sí con nuestras actitudes.

¿Qué es el temor de Dios?

«Temer a Dios es someternos reverentemente a [Él] de tal manera que seamos conducidos a obedecerle y adorarle. Es seguir sus mandamientos de forma alegre y gozosa. Temer a Dios es el principio de la sabiduría. Sólo Dios puede llevar el peso de tus anhelos más profundos. Sólo [Él] puede recibir la adoración para la cual fuiste creado a dar».[4]

---

4. "El Temor al Hombre—clase 2: El Temor a Dios", *Clases esenciales*, 9Marks Ministries; https://es.9marks.org/articulo/miedo-del-hombre-clase-2-temor-dios/.

Los seres humanos fuimos creados a la imagen de Dios para dar testimonio de su grandeza. No fuimos creados para ser «pequeños dioses» que deban ser adorados, ni para ser temidos, sino para temerle a Él por quién es Él (Génesis 1:27).

Fuimos diseñados para vivir en comunión con Dios de manera perfecta, para estar en su presencia en adoración. Fuimos creados para vivir en comunidad también, en familia. Dios nos diseñó con la capacidad de convivir con otros hombres y mujeres, amándonos unos a otros, de manera que le demos gloria y reflejemos su imagen al no sentir vergüenza uno del otro, y al no tener temor a ser rechazados, lastimados, expuestos.

Como vimos antes, todo esto no lo podremos hacer de manera perfecta por causa del pecado que aún está presente en nuestros corazones. Por eso tememos a otros seres humanos muchas veces más de lo que tememos a Dios. No obstante, sí podremos temer a Dios de manera correcta, no por nosotras, sino porque, por medio de Cristo y la salvación que hemos recibido de Él, se restauró nuestra relación con el Padre. De igual forma, tenemos al Espíritu Santo que nos está perfeccionando y, con su ayuda, podemos temer a Dios y relacionarnos con otros de formas que den honra y gloria a su Nombre, sin temor a ellos, sino temiendo a Dios, primeramente.

No fuimos creados para temer a otros seres humanos, sino solamente a Dios. Esto lo vemos en diferentes pasajes de la Escritura, como los que aparecen a continuación:

Solo al Señor Todopoderoso tendrán ustedes por santo, solo a él deben honrarlo, solo a él han de temerlo (Isaías 8:13, nvi).

Y les daré un corazón, y un camino, para que me teman perpetuamente, para que tengan bien ellos, y sus hijos después de ellos. Y haré con ellos pacto eterno, que no me volveré atrás de hacerles bien, y pondré mi temor en el corazón de ellos, para que no se aparten de mí (Jeremías 32:39-40, rvr1960).

En pos del Señor su Dios ustedes andarán y a Él temerán; guardarán Sus mandamientos, escucharán Su voz, le servirán y a Él se unirán (Deuteronomio 13:4).

Los que temen al Señor, alábenlo; descendencia toda de Jacob, glorifíquenlo, témanlo, descendencia toda de Israel (Salmos 22:23).

Honren a todos, amen a los hermanos, teman a Dios, honren al rey (1 Pedro 2:17).

Entonces los que temían al Señor se hablaron unos a otros, y el Señor prestó atención y escuchó, y fue escrito delante de Él un libro memorial para los que temen al Señor y para los que estiman Su nombre (Malaquías 3:16).

El Señor favorece a los que le temen, a los que esperan en Su misericordia (Salmos 147:11).

El temor del Señor *conduce* a la vida, para poder dormir satisfecho, sin ser tocado por el mal (Proverbios 19:23).

Ellos temieron a Dios

Abraham

Abram, como vimos anteriormente, al inicio de su caminar con Dios, tuvo temor de ser lastimado a manos de personas desconocidas. Presa del miedo, recurrió a la mentira para preservar su vida, poniendo en riesgo la vida e integridad de su esposa (Génesis 12:14-20).

No obstante, conforme pasaron los años, Abram conoció más de cerca al Dios Todopoderoso que lo había llamado, y aprendió a someterse a Él, a adorarle, a creerle y a confiar en Él a pesar de sí mismo. Abram fue aprobado por Dios muchos años después de haber sido llamado por Él en la tierra de los caldeos, y Dios le cambió el nombre, le dio una nueva identidad en Él.

Cuando Abram tenía 99 años, el Señor se le apareció, y le dijo: «Yo soy el Dios Todopoderoso; anda delante de Mí, y sé perfecto. Yo estableceré Mi pacto contigo, y te multiplicaré en gran manera». Entonces Abram se postró sobre su rostro y Dios habló con él: «En cuanto a Mí, ahora Mi pacto es contigo, y serás padre de multitud de naciones. Y no serás llamado más Abram; sino que tu nombre será Abraham; porque Yo te haré padre de multitud de naciones (Génesis 17:1-5).

El temor de Dios nos llevará a adorarlo y a obedecer su Palabra. Lo más importante, el temor reverente a Dios nos llevará a reconocerlo como nuestro Dios por medio del sacrificio de Cristo, y tendremos una nueva identidad: la de hijas. «Pero a todos los que lo recibieron, les dio el derecho de llegar a ser hijos de Dios, *es decir*, a los que creen en Su nombre, que no nacieron de sangre, ni de la voluntad de la carne, ni de la voluntad del hombre, sino de Dios» (Juan 1:12-13).

José

José, el hijo de Jacob, quien fue vendido como esclavo a manos de sus hermanos, ahora se encontraba en casa de Potifar, un noble y capitán de la guardia oficial de Faraón. Potifar puso a José como mayordomo de su hogar —un empleado de suma confianza—, por la gracia con la que Dios lo había bendecido.

La Biblia nos narra cómo la esposa de su amo puso los ojos en él y quiso seducirlo (Génesis 39:7). Sin embargo, José temía a Dios y reconocía que se encontraba en el lugar que estaba por la gracia de Dios. José respondió a la esposa de su amo:

No hay nadie más grande que yo en esta casa, y nada me ha rehusado excepto a usted, pues es su mujer. ¿Cómo entonces podría yo hacer esta gran maldad y pecar contra Dios? (Génesis 39:9).

El temor de Dios nos llevará a rechazar las propuestas pecaminosas y las tentaciones a las cuales nos veamos expuestas.

Job

La historia de Job comienza resaltando su carácter delante de Dios: «hombre perfecto y recto, temeroso de Dios y apartado del mal» (Job 1:1, RVR1960). La Escritura también nos muestra que sus hijos hacían banquetes donde comían y bebían entre hermanos. Sin embargo, por el temor que Job tenía de Dios, él ofrecía holocaustos por sus hijos, por si acaso ellos habían pecado contra Dios.

Cuando los días del banquete habían pasado, Job enviaba *a buscarlos* y los santificaba, y levantándose temprano, ofrecía holocaustos *conforme* al número de todos ellos. Porque Job decía: «Quizá mis hijos hayan pecado y maldecido a Dios en sus corazones». Job siempre hacía así (Job 1:5).

El temor de Dios nos llevará a clamar ante su presencia por todos aquellos que aún no le conocen, por aquellos que no viven conforme a la nueva vida en Cristo y no han degustado la salvación de sus pecados.

La esperanza del evangelio

En el amor no hay temor, sino que el perfecto amor echa fuera el temor, porque el temor involucra castigo, y el que teme no es hecho perfecto en el amor (1 Juan 4:18).

Solo un amor tan grande como el de Dios echará fuera el temor que pueda existir en nuestros corazones. Una correcta apreciación del temor de Dios, con la ayuda del Espíritu Santo morando en nosotras, nos llevará cada día a temer menos a las personas. Dejaremos de buscar su aprobación y admiración. Dejaremos de poner nuestra confianza en ellas. Dejaremos de necesitarlas.

Sin embargo, hay un problema con el temor a las personas y con la sed de aprobación que eso produce, y es que siempre nos acompaña, a dondequiera que vayamos. El temor a otros irá con nosotras si no logramos vencerlo.

Sin importar dónde nos encontremos o los medios donde nos desenvolvamos, estaremos buscando cumplir las expectativas de otros. Al mismo tiempo, trataremos de alcanzar estándares que nos hemos fijado acerca de cómo las demás personas deberán vernos y tratarnos, pero también de cómo debiéramos comportarnos para alcanzar esa aprobación.

....

El temor de Dios nos llevará a clamar ante su presencia por todos aquellos que aún no le conocen.

....

De esa forma, saciamos temporalmente nuestra sed de aprobación al sentirnos necesarias, aprobadas, amadas y aceptadas por aquellos a quienes hemos temido, los cuales hemos puesto al nivel de Dios. En efecto, hemos dejado de temer a Dios por temer a las criaturas que Él creó a su imagen y semejanza.

Nuestra necesidad de ser aprobadas muy probablemente es porque, además de sentirnos admiradas, necesitadas y controladas, también nos hace sentir felices, seguras, útiles y nos da una razón por la cual nos esforzamos día a día. Sin duda, necesitamos de un Salvador, necesitamos a Cristo para que su imagen con la que fuimos creadas y la identidad que fue distorsionada con el pecado sean restauradas en nosotras.

Necesitamos el evangelio para vivir en el temor del Señor:

Porque mientras aún éramos débiles, a su tiempo Cristo murió por los impíos. [...] Pero Dios demuestra su amor para con nosotros, en que siendo aún pecadores, Cristo murió por nosotros. Entonces mucho más, habiendo sido ahora justificados por Su sangre, seremos salvos de la ira *de Dios* por medio de Él. Porque si cuando éramos enemigos fuimos reconciliados con Dios por la muerte de Su Hijo, mucho más, habiendo sido reconciliados, seremos salvos por Su vida (Romanos 5:6, 8-10).

* * * *

El temor de Dios nos llevará a rechazar las propuestas pecaminosas y las tentaciones a las cuales nos veamos expuestas.

* * * *

Lo que se inició en el Edén, con un engaño que distorsionó la imagen de Dios en Adán y Eva y rompió la comunión perfecta con Dios, fue vencido en la cruz con la muerte de Cristo, su sepultura y su resurrección.

Por su gracia, ahora estamos siendo perfeccionadas porque: «el que comenzó en ustedes la buena obra, la perfeccionará hasta el día de Cristo Jesús» (Filipenses 1:6). Por su gracia nos estamos pareciendo cada vez más a Cristo: se está formando su carácter en nosotras.

Necesitamos conocer a nuestro Dios porque, si crecemos en el conocimiento de Él —su carácter, sus atributos, nuestra identidad en Cristo y cómo Él nos ve ahora que hemos recibido la salvación de nuestros pecados—, le amaremos más, le temeremos correctamente y nuestras relaciones con otros en esta tierra serán transformadas.

Todos los días experimentaremos una lucha constante en nuestra mente y corazón. Por eso necesitamos permanecer en la Palabra y en oración, y recordar una y otra vez que ya no somos esclavas del pecado porque ya no reina sobre nosotras.

Ahora le pertenecemos a Dios por medio de Cristo, porque su obra fue suficiente. Podemos deleitarnos en Él y estar completas en

Él, buscando su aprobación y ser agradables a sus ojos, con temor a Él por quién es Él.

Sea cual sea la forma en la que el temor a las personas se manifiesta en ti, recuerda que todas nosotras estamos siendo perfeccionadas; ninguna ha llegado a la meta aún. Todas nosotras buscamos seguir a Cristo y crecer en Él. ¡No te rindas! Conoce a tu Dios y actúa, un día a la vez.

Enséñame, oh Señor, Tu camino; andaré en Tu verdad; unifica mi corazón para que tema Tu nombre (Salmos 86:11).

. . . .

Nuestra necesidad de ser aprobadas muy probablemente es porque nos hace sentir felices, seguras, útiles y nos da una razón por la cual nos esforzamos día a día.

. . . .

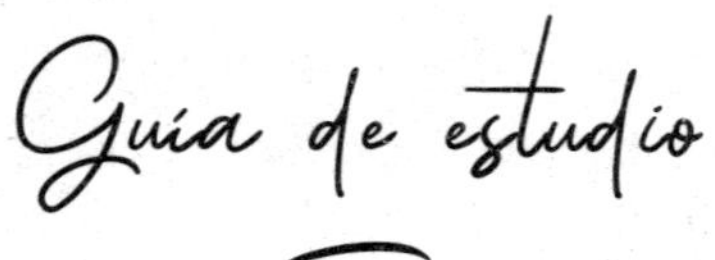

Capítulo 1: Todas tememos

Es una bendición entender que no es necesario ocultar el temor ni vivir presas de él. Dios, en su bondad, nos permite conocer, por medio de su Palabra, cómo actúa el ser humano y cómo obra Dios a favor de su creación.

1. ¿Cómo explicarías, en tus propias palabras, el temor a las personas?

____

____

____

____

2. ¿Cómo se relaciona el temor a las personas con la sed de aprobación?

____

____

____

____

3. Lee las siguientes porciones bíblicas y comenta:

a. Génesis 3:6-7. ¿Cómo se veían Adán y Eva, uno a otro, antes
    de que el pecado entrara en el mundo y después de que este
    entró? ¿De qué forma impactó su relación con Dios?

    ____

    ____

    ____

b. Génesis 12:10-13. ¿Qué clase de temor experimentó
    Abraham? ¿De qué forma reaccionarías si experimenta-
    ras esa misma situación?

    ____

    ____

    ____

c. Génesis 19:1-9. ¿Qué buscaba Lot cuando ofreció entregar
    sus hijas en lugar de los ángeles a los hombres de Sodoma?
    ¿Qué habrías hecho tú en esa situación?

    ____

    ____

    ____

d. Éxodo 2:11-15. ¿Qué temor experimentó Moisés? ¿Qué
    efecto produjo ese temor en él?

    ____

    ____

    ____

4. ¿Qué tipos de temores has experimentado o estás experimentando? ¿Qué efectos producen en ti? ¿Qué implicaciones crees que tendrán esos temores en tu vida?

____

____

____

____

5. ¿Qué otros personajes de la Biblia recuerdas que temieron a las personas? ¿De qué forma experimentaron descanso o esperanza en medio de su temor?

____

____

____

____

6. Explica el temor de Dios en tus propias palabras.

____

____

____

____

7. Lee las siguientes porciones bíblicas y comenta:

   a. Génesis 17:1-5. ¿Cuál es el efecto del temor de Dios en la vida de Abraham?

____

____

____

b. Génesis 39:1-9. ¿Cuál es el efecto del temor de Dios en la vida de José?

____

____

____

____

c. Job 1:1-5. ¿Cuál es el efecto del temor de Dios en la vida de Job?

____

____

____

____

8. Al meditar en lo comentado en este capítulo, ¿de qué forma has visto a Dios obrar en tus temores? Explica lo que Cristo ha hecho en ti y cómo ha estado obrando el Espíritu Santo en tu vida.

____

____

____

____

9. ¿Qué lecciones extraes de este capítulo que pudieras compartir con otras mujeres que también están experimentando temores?

____

____

____

____

Capítulo 2

¿Por qué tememos a las personas?

Estoy segura de que algunos de ustedes tienen un espíritu
quebrantado, un corazón quebrantado. Dios no despreciará
esa ofrenda, aunque sea lo único que tengas para ofrecer.
Elisabeth Elliot[1]

CONOZCO A JULIA desde hace mucho tiempo como para saber que su temor a las personas no comenzó ahora. Su comportamiento y su forma de expresarse variaban mucho, dependiendo de las personas con quienes se encontraba. Un día quise conocer más su corazón; quería saber qué pasaba con ella, porque en ocasiones la desconocía. Ella sabía cuánto la amaba y que siempre buscaría la forma de dirigirla a Cristo, pero para eso, necesitaba conocer un poco más su corazón. Así que te comparto un poco de su historia.

La historia de Julia

Hay pocas cosas que recuerde de mi infancia que me pudieron causar temor —me contaba Julia mientras le daba un sorbo a

---

1. Elisabeth Elliot, *Sufrir nunca es en vano* (Nashville, TN: B&H Español, 2020), p. 81.

su café—. Crecí con un sentido de valentía y autonomía casi imperceptible.

Es extraño, pero no temía estar sola o a que me abandonaran, pues siempre estaba mi mamá; no temía a los ruidos extraños que se suscitaban en medio de la oscuridad y tampoco temía a las personas que en ocasiones nos visitaban, aun cuando fueran extraños. Todo parecía amigable y sano, una atmósfera donde no había miedos, angustias ni preocupaciones porque, una niña solitaria en un hogar seguro, ¿qué podía temer?

Sin embargo —volvió la mirada hacia la taza de café al adentrarse en la historia de su vida, y continuó—, esa utopía no duró para siempre. Cuando entré a la escuela primaria, toda esa atmósfera llena de luz y color se vio manchada y perdió su brillo. Fue ahí donde conocí en carne propia el dolor infringido por parte de otras personas hacia mí. Lo que más me «marcó» —decía mientras se llevaba las manos a la cara mostrando aún un poco de dolor—, fue sufrir rechazo por parte de algunos niños y niñas quienes se burlaban de mi sobrepeso. Solían llamarme con algún sobrenombre que me ridiculizara y, de hecho, alguna vez un maestro también se burló de mí.

No lograba entender por qué en ocasiones me pegaban o me pateaban burlándose de mi cuerpo o de mi vestuario. Ellos eran crueles —me miraba a los ojos para contener las lágrimas; era obvio que los recuerdos aún le dolían—. Comencé a temer que me lastimaran o me ridiculizaran, así que al principio me aislaba de ellos y buscaba esconder mi cuerpo lo más posible.

Conforme crecí, comencé a comportarme de manera ruda. Lastimaba a otros con mis palabras y era hiriente y burlona con aquellos que parecían más indefensos. Quería vengarme de los que me habían lastimado, así que desquitaba toda mi rabia —que en realidad era dolor acumulado— sobre aquellos que sinceramente no me habían hecho nada. Esa fue la forma más sencilla que encontré de protegerme de sus burlas, pues pensaba que, si me comportaba de manera brusca, todos me temerían y dejarían de molestarme y maltratarme. Fui una chica mala —sonrió con complicidad.

Ese maltrato que sufrí por mi apariencia me llenó de temores que aún conservo —continuó hablando, aunque con una actitud más sobria—. Tenía temor no solo a que otros me lastimaran, sino a mostrarme amable, porque podrían aprovecharse más de mí. No mostraba mis afectos ni mis sentimientos para no ser vulnerable a nadie. Comencé a protegerme demasiado a mí misma porque, en el fondo, les temía y sabía que, en cualquier momento, la armadura que había construido a mi medida terminaría por romperse y ellos verían lo débil que en realidad era; verían cuánto les temía.

Era esclava del temor, lo reconozco. Hacía mil y una cosas que, aunque no me gustaban, me daban cierta aceptación en mi círculo de amistades. Cambié mi personalidad solo para ser aceptada y continuamente cedía a lo que otros querían solo para saber que me aprobaban. De hecho, convivía con personas que no eran de mi total agrado únicamente *porque necesitaba saber que pertenecía a un sitio*. Necesitaba su aprobación. Necesitaba sentirme parte de un grupo de personas. Necesitaba saber que me amaban, que me aceptaban tal y como era. Necesitaba tanto sentirme y saberme amada que no me importaba vivir una vida que no me gustaba.

El temor se hizo presente y más frecuente en mi vida. Pronto me daría cuenta de que hay temores que perduran años y que algunos pueden ser causados por la maldad de otros. También me daría cuenta de que no soy la única que teme a las personas. Todas las mujeres tememos: algunas más, otras menos, pero *todas tememos* —finalizó mientras daba el último sorbo a su café.

• • •

Julia, como muchas mujeres hoy día, es esclava del temor a las personas. Sin embargo, no es algo nuevo; puedo ver en ella mucho de mí también. Me conmovió ver cómo aquella niña, que creció valiente, libre y segura, tuvo que enfrentarse al mundo real, a este mundo caído, roto y manchado por el pecado; a este mundo en el que abunda la maldad y en el que, según nuestro Señor Jesucristo, irá en aumento (Mateo 24:12).

¿Por qué tememos a las personas?

Es probable que, al leer la historia de Julia, nos identifiquemos con sus temores, aunque es bueno mencionar que temer a las personas no es exclusivamente para niñas que están creciendo o que sufren rechazo y maltrato por su apariencia física. Edward T. Welch, en su libro *Cuando la gente es grande y Dios es pequeño*, escribe sobre la denominación de este temor y podemos entender que se presenta en cualquier etapa de la vida. Welch dice:

. . . .

La realidad es que, lo sepamos o no, tememos a las personas en menor o mayor grado y no siempre por el mismo motivo.

. . . .

«[E]l temor al hombre» se puede denominar de muchas maneras. Cuando somos adolescentes lo llamamos «presión social». Cuando somos mayores, se lo llama «complacer a la gente». Recientemente, se lo ha llamado «codependencia». Con estas etiquetas en mente, podemos descubrir el temor al hombre [a las personas] por todas partes.[2]

La realidad es que, lo sepamos o no, tememos a las personas en menor o mayor grado y no siempre por el mismo motivo,

---

2. Edward T. Welch, *Cuando la gente es grande y Dios es pequeño* (Moral de Calatrava, España: Editorial Peregrino, 2014), p. 16.

pero ¿por qué les tememos? Quiero compartir contigo tres razones por las que podemos experimentar el temor a las personas.

Tememos a causa de lo que hemos vivido

En su libro *Un temor santo*, Christina Fox nos recuerda que no todo temor es malo. Ella dice: «[E]l temor es una emoción útil e importante cuando enfrentamos un peligro genuino, porque nos ayuda a reaccionar y huir de él. Es lo que nos saca de un edificio cuando hay un incendio o nos dirige al sótano cuando suena la sirena de tornados».[3]

Si tomamos en cuenta esto, nos es más sencillo entender por qué tememos a diversos peligros que experimentamos. Ciertos temores nos ayudan a reconocer que debemos actuar de inmediato para preservar nuestra vida o nuestra integridad, ya sea huyendo o buscando ayuda.

No obstante, hay otro tipo de temor que nos alerta del peligro y que puede estar presente en nosotras si experimentamos algún daño de parte de alguien en el pasado. Por ejemplo, si de pequeñas sufrimos algún tipo de abuso físico, emocional o sexual, ahora con más edad podemos ser presas del temor a las personas debido al pecado que otros cometieron contra nosotras. Tememos porque otros han pecado contra nosotras.

Proverbios 29:25 dice: «El temor al hombre es un lazo, pero el que confía en el Señor estará seguro». Ciertamente, temer a las personas puede ser esclavizante, un lazo para cualquiera que teme a otros y a lo que le pueden hacer.

La Biblia contiene muchos relatos acerca de personas que temieron a otros por causa de lo que vivieron en el pasado, personas que se atemorizaron al ver que podían ser lastimadas. Tal es el caso de los israelitas cuando salieron de la esclavitud de

---

3. Christina Fox, *Un temor santo* (Grand Rapids, MI: Portavoz, 2021), p. 19.

Egipto. Al llegar a Canaán, la tierra prometida, enviaron doce espías para reconocer la tierra. ¿Cuál fue el resultado? Diez de ellos regresaron aterrados de los hombres que habitaban la región (Números 13).

> Y dieron un mal informe a los israelitas de la tierra que habían reconocido, diciendo: «La tierra por la que hemos ido para reconocerla es una tierra que devora a sus habitantes, y toda la gente que vimos en ella son hombres de *gran* estatura. Vimos allí también a los gigantes (los hijos de Anac son parte de *la raza de* los gigantes); y a nosotros nos pareció que éramos como langostas; y así parecíamos ante sus ojos» (Números 13:32-33).

Era claro que temían ser dañados. Trataron de impedir que los israelitas siguieran adelante diciendo: «No podemos subir contra ese pueblo, porque es más fuerte que nosotros» (v. 31). Tanto era su temor que se veían a sí mismos pequeños y vulnerables, y preferían huir.

Sin embargo, también existe el temor que experimentamos como consecuencia de nuestro pecado contra otros. Podemos ser esclavas del temor a las personas contra quienes hemos pecado y no lo hemos solucionado. Tememos porque hemos pecado contra otros. De este temor quiero hablarte.

Seguramente, si hacemos memoria recordaremos que no siempre fuimos las víctimas del pecado de otros, sino que también actuamos mal contra alguien. Quizá en nuestra niñez fuimos quienes molestaban a otras niñas o niños. Probablemente, en la época de la adolescencia fuimos quienes se burlaban de otras jovencitas y las hostigábamos solo para sentirnos superiores a ellas. Quizá en algún momento de nuestra adultez actuamos de manera contraria a lo que nos pide la Palabra de Dios y obramos con egoísmo, vanagloria, enojo, ira o venganza contra alguien más.

Estas acciones y actitudes, al hacer memoria de ellas, pueden traernos un sentimiento de culpa por lo mal que actuamos contra otros. Aunque nuestra intención sea la de olvidar y fingir que nunca pasó, nuestro Dios, que es justo y bueno, nos lo traerá a la memoria de vez en cuando para ponernos a cuentas con Él y con las personas a quienes dañamos. ¿Por qué? Porque hemos herido a personas que también son portadores de la imagen de Dios y porque nuestro Dios nos ha llamado a ser pacificadoras, viviendo en armonía y buscando la reconciliación con aquellos que tienen algo contra nosotras (Mateo 5:23-24).

Solo pensar que tendríamos que acudir —en la medida de lo posible— a presentarnos ante aquellos a quienes les hicimos mal o contra quienes pecamos, nos puede poner un tanto nerviosas y hacer que nos suden las manos y temamos la reacción que ellos tengan. No sabemos cómo reaccionarán porque no conocemos sus corazones ni la obra que Dios pueda estar haciendo en ellos. El temor que podamos experimentar nos puede llevar a crear toda una historia en nuestra mente con posibles escenarios que, por lo general, terminan mal. Tememos lo que nos puedan hacer por lo que nosotras les hicimos antes.

No obstante, no sabemos qué pasará —insisto—, hasta que nos decidamos a hacerlo. Por ejemplo, hablemos de los hermanos de José. La Biblia nos narra la vida de José, el hijo de Jacob, uno de los patriarcas de Israel.

A la edad de 17 años, este jovencito tuvo un par de sueños en los que mostraba que él sería honrado por sus hermanos. Eso los enojó y los llenó de envidia, «le aborrecieron aún más a causa de sus sueños» (Génesis 37:3, 8, 11, RVR1960). Juntos conspiraron para matarlo ¡Matarlo por la envidia que le tenían! ¡Cuán horrible es el pecado!

> Tememos lo que nos puedan hacer por lo que nosotras les hicimos antes.

Sin embargo, dos de los hermanos mayores abogaron por él e impidieron que lo mataran. Sugirieron la idea de que era mejor venderlo como esclavo y no derramar su sangre (vv. 21, 26-27). Así lo hicieron y mintieron a su padre, quien creyó que alguna mala bestia pudo haberlo devorado (v. 33). Nadie desmintió a su padre y, aunque él sufrió grandemente por la pérdida, todos callaron su pecado y estuvieron más de veinte años sin saber de José.

Tras una serie de sucesos, ellos se encontraron nuevamente con él, pero ya no era un jovencito indefenso ni un esclavo. Ahora José era el gobernador de Egipto, el país más próspero sobre la tierra en aquella época. Sus hermanos acudieron a él y, tal como había soñado, él gobernaba sobre ellos. Sin embargo, Dios había trabajado tanto en el corazón de José que él no les guardó rencor; no buscó venganza sino todo lo contrario. Su deseo fue ver nuevamente a su padre y a su hermano menor, el hijo de su madre.

¿Qué sucedió con los hermanos que habían pecado contra él cuando supieron quién era José? ¿Qué sentimiento tuvieron? ¡Temor! Ellos le temían aun cuando José les mostró su favor al reconocer que, todo lo que había acontecido en su vida desde que lo vendieron, le había ayudado a su bien para cumplir los propósitos de Dios (Génesis 45:5).

No obstante, aunque ellos reconocieron su maldad, no pidieron perdón a José ni se disculparon. No fue hasta después de la muerte de su padre que se presentaron ante él por temor a que pudiera tener alguna represalia contra ellos. Su pecado aún los acusaba, los mantenía esclavos del temor a su hermano José. Temían tanto que se justificaron a sí mismos mintiendo para obtener un perdón que ya les había sido dado mucho antes. Sin embargo, el corazón de José no tenía rencor ni sed de venganza, sino que estaba lleno del amor de Dios:

Al ver los hermanos de José que su padre había muerto, dijeron: «Quizá José guarde rencor contra nosotros, y de cierto nos devuelva todo el mal que le hicimos». Entonces enviaron *un mensaje* a José, diciendo: «Tu padre mandó a decir antes de morir: "Así dirán a José: 'Te ruego que perdones la maldad de tus hermanos y su pecado, porque ellos te trataron mal'". Y ahora, te rogamos que perdones la maldad de los siervos del Dios de tu padre». Y José lloró cuando le hablaron. Entonces sus hermanos vinieron también y se postraron delante de él, y dijeron: «Ahora somos tus siervos». Pero José les dijo: «No teman, ¿acaso estoy yo en lugar de Dios? Ustedes pensaron hacerme mal, *pero* Dios lo cambió en bien para que sucediera como *vemos* hoy, y se preservara la vida de mucha gente. Ahora pues, no teman. Yo proveeré para ustedes y para sus hijos». Y los consoló y les habló cariñosamente (Génesis 50:15-21).

Hay algo que debemos tener claro: las historias no siempre culminan en perdón y reconciliación. En ocasiones habrá corazones duros en aquellos contra quienes pecamos y probablemente no nos perdonarán ni tampoco querrán saber de nosotras. Que eso no nos impida presentarnos delante del Dios que sabe y conoce todo acerca de lo que hemos hecho. Podemos ir delante de Él en arrepentimiento del mal que hemos cometido contra otros y suplicarle su perdón. Podemos dejar aquel mal al pie de la cruz de Cristo, donde todos nuestros pecados fueron clavados y perdonados.

Es posible que experimentemos temor a causa de lo que hemos vivido o que temamos a las personas contra quienes hemos pecado, así como las consecuencias de ese pecado. Ese es un buen indicio de que necesitamos acudir a Dios primero en busca de perdón. No es bueno ni recomendable vivir con culpa, esclavas del temor durante años o una vida entera. Si es posible, en cuanto de nosotras dependa, estemos en paz con todas las personas (paráfrasis de Romanos 12:18).

Tememos a causa de nuestro orgullo

Quizá te preguntes: ¿qué tiene que ver el orgullo con el temor a las personas? A decir verdad, tiene mucho que ver. El orgullo es un pecado que, con frecuencia, pasa desapercibido a los ojos del orgulloso. Sin embargo, detrás de ese pecado, se oculta el temor a otros. Pero ¿qué es el orgullo?

Daniel Puerto, en el libro *El orgullo: la batalla permanente de todo hombre*, lo define de la siguiente manera:

[A]ctitud pecaminosa del corazón humano de independencia de Dios y superioridad hacia los demás. El orgullo es pensar más alto acerca de nosotros mismos de «lo que debe[mos] pensar» (Ro. 12:3) o de lo que verdaderamente somos (1 Co. 1:27). Este pecado hace que nos percibamos arriba de todo, pensando que no necesitamos de Dios y creyendo que estamos por sobre otras personas.[4]

Entonces, ¿por qué tememos a las personas a causa de nuestro orgullo? Si el orgullo nos hace creer que somos superiores a las demás personas, podremos experimentar temor hacia aquellos que representan una amenaza para nosotras y nuestro lugar de superioridad.

Imagina a una mujer que, durante un lapso prolongado de tiempo, ha sido considerada la mejor en la empresa donde labora. Gracias a su gran desempeño, ella ha sido promovida de puesto en diversas ocasiones y ha ido escalando hasta llegar a la cúspide de la jerarquía no solo en su departamento, sino en la empresa.

Sus capacidades y gran esfuerzo han dado fruto al cien por cien, y no hay nadie mejor que ella —a sus ojos y por el momento— para

---

4. Daniel Puerto y Josué Pineda Dale, *El orgullo: la batalla permanente de todo hombre* (Grand Rapids, MI: Portavoz, 2021), p. 29.

realizar lo que, durante tanto tiempo, ha realizado con excelencia. No obstante, entre los cientos de personas que están a su cargo y de quienes ella tiene conocimiento, se encuentra una joven entusiasta, inteligente y quien ha mostrado que tiene la capacidad de ir escalando puestos, tal como sucedió con ella. Siempre la verá como una amenaza latente.

De pronto, algo comienza a suceder en su interior, es como si le encendieran toda una caja de cerillas en el estómago, tan solo de imaginar que esta joven pudiera en algún momento llegar al lugar que ella tiene.

¿Cómo? ¿Será eso posible? ¿Querrá quitarme del lugar de honor que tengo? ¿Sabrá que no hay nadie mejor que yo para el puesto? ¡Qué osadía el pensar que puede derribarme así, sin más! Estos pensamientos inundan su mente a causa del orgullo. Ella cree que deberá ser siempre la mejor y teme que la joven no solo llegue a su puesto en la empresa, sino que puede ser incluso mejor.

¿Cuál es el resultado de temer a otras personas a causa del orgullo que hay en nosotras? Nos cegaremos a la hermosa verdad de que debemos pensar con cordura de nosotras mismas, viendo a otros como superiores a nosotras, de quienes podemos aprender y a quienes seguramente también podremos enseñarles desde nuestra experiencia. Tal como lo dice el apóstol Pablo en su carta a los filipenses: «No hagan nada por egoísmo o por vanagloria, sino que con actitud humilde cada uno de ustedes *considere al otro como más importante que a sí mismo, no buscando cada uno sus propios intereses, sino más bien los intereses de los demás*» (Filipenses 2:3-4, cursivas añadidas).

. . . .

El orgullo es un pecado que, con frecuencia, pasa desapercibido a los ojos del orgulloso. Sin embargo, detrás de ese pecado, se oculta el temor a otros.

. . . .

Temer a las personas a causa del orgullo en nuestros corazones nos llevará a olvidarnos de que estamos en este mundo no para buscar nuestros propios intereses, sino para glorificar a Dios en todo lo que hagamos. Hemos llegado a donde estamos porque Dios ha sido bueno con nosotras. En su gracia nos ha dado la capacidad de hacer lo que hacemos, nos ha llenado de talentos y dones con los que podemos reflejar la gloria divina y ayudar a nuestro prójimo, aun cuando represente una amenaza a nuestros intereses personales. Sin embargo, con frecuencia lo olvidamos.

Ese mismo orgullo fue el que llevó al rey Saúl a querer matar a David cuando se sintió amenazado por la capacidad que tenía este hombre de Dios. El orgullo cegó a Saúl. El temor a ser minimizado y suplantado por David lo llevó a obsesionarse con matar a ese hombre que parecía ser su enemigo más peligroso, cuando en realidad no era su enemigo:

> Y aconteció que cuando regresaban, al volver David de matar al filisteo, las mujeres de todas las ciudades de Israel salían cantando y danzando al encuentro del rey Saúl, con panderos, con *cánticos de* júbilo y con instrumentos musicales. Las mujeres cantaban mientras tocaban, y decían: «Saúl ha matado a sus miles, y David a sus diez miles». Entonces Saúl se enfureció, pues este dicho le desagradó, y dijo: «Han atribuido a David diez miles, pero a mí me han atribuido miles. ¿Y qué más le falta sino el reino?». De aquel día en adelante Saúl miró a David con recelo (1 Samuel 18:6-9).

Nosotras no somos tan distintas. El orgullo nos ciega y podemos temer a aquellos que parecen ser una amenaza para nosotras. Podemos creer que todo lo hemos hecho por nosotras mismas o que somos merecedoras de lo que tenemos porque nos hemos esforzado. Sin embargo, aun el esfuerzo y lo que hacemos es por la gracia de Dios. Nuestra actitud debe ser diferente. Aun cuando seamos las mejores en lo que sea que hagamos, debe abundar en nosotras la humildad de reconocer que todo lo bueno que tenemos proviene de Dios.

Requerimos humildad para reconocer que nuestro Dios es quien nos ha capacitado con su Espíritu Santo para hacer lo que nos ha mandado hacer. Nada nos pertenece realmente. Los mismos talentos que Dios nos ha dado, los ha dado también a otras personas que, incluso, podrán hacer un mejor uso que nosotras. No somos indispensables ni necesarias en ningún lugar. Aun cuando tengamos la experiencia necesaria y suficiente, siempre habrá alguien que nos pueda suplir en cualquier momento. Hace falta una buena dosis de humildad para reconocer todo esto.

Sin embargo, cuando reconozcamos que no somos Dios, que no somos todopoderosas y que Dios puede usar a quien Él desee como Él desee para hacer lo que creemos que nadie puede hacer mejor que nosotras, entonces nuestra actitud cambiará y se irá perfeccionando día a día. Será entonces cuando dejaremos de temer a las personas a causa de nuestro orgullo.

Habrá ocasiones en las que temerás a las personas que parecen una amenaza. Sin embargo, recuerda una y otra vez que Cristo prometió que estaría con nosotras todos los días hasta el fin del mundo (Mateo 28:20). Todos los días incluyen aquellos en los que temes y en los que el orgullo te ciega, pero Él te dará la salida y vencerás una vez más.

> • • • •
>
> *Temer a las personas a causa del orgullo en nuestros corazones nos llevará a olvidarnos de que estamos en este mundo no para buscar nuestros propios intereses, sino para glorificar a Dios.*
>
> • • • •

Tememos a causa de tener necesidades equivocadas

En el capítulo anterior vimos que temer a las personas incluye mostrar admiración por ellas, ser controladas o dominadas por ellas, poner nuestra confianza en ellas o *necesitarlas*.

Cuando necesitamos a las personas, creemos que sin ellas nuestra vida no es suficiente; no está plena ni completa. Dependemos de ellas para sentirnos felices y amadas. Se vuelven parte de nosotras. Les damos un lugar especial y, sin ellas, nuestra vida no tiene sentido ni propósito.

Depositamos nuestra confianza en las personas a tal grado que podemos estar rigiendo nuestras decisiones por lo que ellas hacen o dicen, más que por lo que la Palabra de Dios nos muestra. Les damos un valor supremo a las personas con quienes compartimos el día a día, porque creemos que las necesitamos para vivir.

Algunos ejemplos podrían ser:

- creer la mentira de que necesitamos una pareja para vivir en plenitud, para estar completas;
- creer que necesitamos que otros aprueben el fruto de nuestros esfuerzos en el trabajo;
- creer que necesitamos recibir el amor de todas las personas que estén interesadas en nosotras;
- creer que necesitamos tener hijos perfectos y obedientes;
- creer que necesitamos que todas las personas con quienes tenemos relación nos rindan su tiempo, su espacio y su amistad.

Tememos a las personas porque las necesitamos para tener un sentido de identidad y propósito.

Eso ocurrió en la historia de Lea, que encontramos en Génesis 29. Al leer su historia, nos damos cuenta de que temía a las personas por las razones equivocadas al necesitarlas, es decir, para encontrar su propósito de sentirse plena y también amada.

La historia de Lea comienza a escribirse cuando llegó a su pueblo un joven llamado Jacob, hijo de su tía Rebeca, la hermana de su padre Labán (Génesis 29:13-14). Jacob se enamoró de Raquel, la hermana menor de Lea, y sirvió a Labán durante siete años para recibirla como esposa (Génesis 29:18-19).

Tan enamorado estaba Jacob de Raquel que «sirvió siete años por Raquel, y le parecieron unos pocos días, por el amor que le tenía» (Génesis 29:20). Llegado el momento, Jacob pidió a Labán que le fuera dada Raquel para hacerla su mujer (Génesis 29:21). Se hizo el banquete, pero «al anochecer [Labán] tomó a su hija Lea y se la trajo, y *Jacob* se llegó a ella. [...] Cuando fue de mañana, sucedió que era Lea. Y *Jacob* dijo a Labán: "¿Qué es esto que me has hecho? ¿No fue por Raquel que te serví? ¿Por qué, pues, me has engañado?". Y Labán respondió: "No se acostumbra en nuestro lugar dar a la menor antes que a la mayor"» (Génesis 29:23, 25-26).

¿Puedes imaginar lo que todo esto pudo provocar en el corazón de Lea? Fue rechazada por el hombre a quien astutamente su padre la había entregado en casamiento. Su vida había sido unida a la de un hombre que no la amaba, que de hecho, pasó la semana nupcial con ella y recibió a su hermana como esposa también a cambio de trabajar siete años más. Jacob tenía ahora dos esposas. Sin embargo, Jacob «amó más a Raquel que a Lea» (Génesis 29:30a).

Al leer la historia entendemos que Lea no era agraciada físicamente en comparación con su hermana Raquel, pues se nos dice que «los ojos de Lea eran delicados, pero Raquel era de bella

> Tememos a las personas porque las necesitamos para tener un sentido de identidad y propósito.

figura y de hermoso parecer» (Génesis 29:17). Quizá por eso Lea fue entregada en matrimonio con engaños de su padre, como si él asumiera que de otra forma ella no podría casarse.

Lea no tuvo una vida marital plena. Su matrimonio fue forzado y vivió sabiendo que su esposo no la amaba; de hecho, la rechazaba. No obstante, Dios no la rechazó ni se olvidó de ella. Dios actuó en su favor, pues la Biblia nos dice: «Vio el SEÑOR que Lea era aborrecida, y le concedió hijos. Pero Raquel era estéril» (Génesis 29:31).

¿Qué está sucediendo aquí? Dios, en su soberanía, le ha concedido a Lea ser mamá. No es que la maternidad defina a la mujer o le dé valor o identidad, pero en la historia de Lea era sumamente importante, porque Dios había hecho un pacto con el abuelo de Jacob, que decía así: «"Ahora mira al cielo y cuenta las estrellas, si te es posible contarlas". Y añadió: "Así será tu descendencia"» (Génesis 15:5).

> *Mantener nuestros ojos en lo creado y no en el Creador siempre resultará en decepción.*

Lea ahora era parte de ese pacto. Su maternidad ahora le daba un propósito: ser mamá de la descendencia que Dios había prometido al abuelo de su esposo. Esto lejos de darle una razón para adorar a Dios, hizo que ella usara su maternidad para buscar el sentido de propósito en su vida por medio de su esposo. Es como si necesitara algo externo (su maternidad) para sentirse valiosa, como si su maternidad le diera una nueva identidad. Una forma de decir que ya no sería la rechazada, sino la madre de los hijos de Jacob.

Todo lo ocurrido lastimó en gran manera a Lea. Ella era menospreciada, pero aun así su esposo tenía intimidad con ella a pesar de no amarla:

Vio el SEÑOR que Lea era aborrecida, y le concedió hijos. Pero Raquel era estéril. Y concibió Lea y dio a luz un hijo, y le puso por nombre Rubén, pues dijo: «*Por cuanto el Señor ha visto mi aflicción, sin duda ahora mi marido me amará*». Concibió de nuevo y dio a luz un hijo, y dijo: «*Por cuanto el Señor ha oído que soy aborrecida, me ha dado también este hijo*». Así que le puso por nombre Simeón. Concibió otra vez y dio a luz un hijo, y dijo: «*Ahora esta vez mi marido se apegará a mí, porque le he dado tres hijos*». Así que le puso por nombre Leví (Génesis 29:31-34, cursivas añadidas).

Dios en su bondad le concedió a Lea ser madre de los tres primeros hijos de Jacob ¡Qué bendición! Sin embargo, una y otra vez vemos cómo Lea buscaba su sentido de propósito y plenitud en su esposo. Podemos darnos cuenta de esto por los nombres que puso a sus hijos:

- Rubén: «he aquí un hijo» o «quien mira al hijo»[5]. Fue como decir: «No soy la esposa amada, pero vean, ¡le di un hijo! Ahora me amará».
- Simeón: «que ha sido oído»[6]. Lea había orado a Dios acerca del rechazo de su marido y parecía que la respuesta a su aflicción había sido un segundo hijo.
- Leví: «cercano» o «asociado con él»[7]. Una vez más el nombre de su hijo nos permite ver la necesidad que Lea tiene de su esposo, pues esperaba ser amada, asociada con él, aceptada, recibida por causa de su maternidad.

---

5. https://www.biblestudytools.com/dictionaries/hitchcocks-bible-names/reuben.html.

6. https://www.biblestudytools.com/dictionaries/hitchcocks-bible-names/simeon.html.

7. https://www.biblestudytools.com/dictionaries/hitchcocks-bible-names/levi.html.

Sin embargo, no fue así, porque mantener nuestros ojos en lo creado y no en el Creador siempre resultará en decepción. No obstante, algo sucedió en Lea. Cuando Dios, en su bondad, le da un cuarto hijo, ella responde de manera diferente:

Concibió una vez más y dio a luz un hijo, y dijo: *«Esta vez alabaré al Señor»*. Así que le puso por nombre Judá. Y dejó de dar a luz (Génesis 29:35, cursivas añadidas).

El nombre de Judá significa: «alabado» o «alabanza al Señor»[8]. Es como si ella por fin entendiera que su gozo, su deleite y su plenitud los encontraría siempre en Dios, tal cual nos lo recuerda Salmos 16:11 que dice: «Me darás a conocer la senda de la vida; en Tu presencia hay plenitud de gozo; en Tu diestra hay deleites para siempre». Cuando Lea se centró en Dios, dejó de dar a luz, como si Dios le estuviera dando un descanso; pero la realidad es que ella por fin encontró plenitud en Él.

La historia de Lea es de gran enseñanza y bendición para las mujeres. Mucho podemos decir de ella y de lo que Dios le permitió vivir, pero quiero que juntas sigamos conociendo qué más nos dice la Palabra en cuanto al temor a las personas para, entonces, deleitarnos en encontrar nuestra verdadera necesidad y el verdadero propósito que tenemos como hijas de Dios. De esto hablaremos en la segunda parte del libro de manera más específica.

Un temor que abruma

No cabe duda de que hablar acerca del temor a las personas es un tema amplio. Cuanto más el Espíritu Santo nos lleve a adentrarnos en nuestros corazones, más conoceremos cuán engañoso resulta ser

---

8. https://www.biblestudytools.com/dictionaries/hitchcocks-bible-names/judah.html.

nuestro corazón aun a nosotras mismas. Es verdad que en menor o mayor medida todas tememos a las personas, pero ¡qué glorioso es saber y entender que no caminamos solas en este mundo! Dios no nos ha dejado solas jamás. Tenemos su dulce Espíritu que da testimonio de que somos sus hijas (Romanos 8:16).

El temor a las personas puede ser abrumador si lo vemos al margen de la perspectiva bíblica. Puede parecer imposible de vencer si nuestros ojos están fijados en el pasado, con todas las veces que hemos fallado al sucumbir ante los efectos de temer a otros. Tal vez nos haya creado inseguridades al distorsionar nuestra identidad. Quizá tengamos dudas acerca de quiénes somos, para qué estamos aquí o por qué atravesamos lo que estamos atravesando.

Puede ser que el temor a las personas cambie nuestra personalidad para lograr agradar a aquellos que parecen ser mejores que nosotras. Muchas hemos sido esclavizadas por este temor al basar nuestras necesidades y buscar nuestro propósito en lo que podemos obtener de aquellos a quienes tememos, admiramos y creemos necesarios para nuestra vida. Puede ser que el temor sea causado por lo que hemos vivido desde pequeñas, o porque el orgullo continúa arraigado en nuestros corazones de tal manera que seguimos esclavas del temor.

Sin embargo, recuerda esto: todas las mujeres tememos. No estás sola. Muchas de nosotras podemos testificar acerca de lo que el temor a las personas ha hecho en nuestras vidas, pero tanto para Julia, en la historia al principio de este capítulo, como para nosotras, hay esperanza. Trataremos cómo vencer este temor en los dos últimos capítulos del libro, pero antes acompáñame a explorar más de cerca en el capítulo siguiente algunos temores específicos de las mujeres.

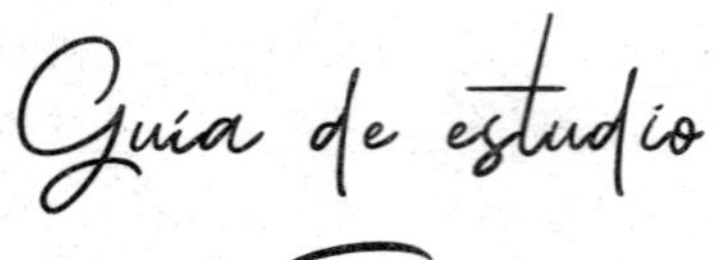

Capítulo 2: ¿Por qué tememos a las personas?

Cada una de nosotras tiene, al menos, una historia que podríamos contar acerca de cómo el temor a las personas nos llevó a cambiar nuestra forma de comportarnos. Una historia en la que, sin saber, fuimos esclavas del temor a las personas.

1. No todo temor es malo. Describe algún temor que te ha ayudado a evitar el peligro. Puedes mencionar alguna experiencia personal.

____

____

____

____

2. Haciendo una introspección a tu corazón, ¿sientes algún temor a causa de lo que has vivido, ya sea el temor porque han pecado contra ti o el temor por los pecados que cometiste contra otros? De acuerdo con Proverbios 29:25, ¿crees que eras (o eres) esclava de algunos de esos temores? ¿Por qué?

____

____

____

____

3. Explica cómo el hecho de recordar el evangelio y lo que Cristo hizo por ti te ayuda a vivir libre de la esclavitud de esos temores.

____

____

____

____

4. Lee Génesis 50:15-21. ¿Qué lección te deja la historia de José y sus hermanos? ¿Cómo puedes ver a Jesús en esa historia?

____

____

____

____

5. Explica cómo el temor a causa de tu orgullo cambia tu forma de relacionarte con otros ¿Cómo te ayuda Filipenses 2:3-4 a vencer este temor?

____

____

____

____

6. Al leer la historia de Lea, ¿te pudiste identificar con ella en sus temores por necesidades equivocadas? ¿De qué forma lo has experimentado?

____

____

____

____

7. Al meditar en lo comentado en este capítulo, ¿de qué forma has visto a Dios obrar en tus temores? Explica lo que Cristo ha hecho en ti y cómo ha estado obrado el Espíritu Santo en tu vida.

____

____

____

____

8. ¿Qué lecciones extraes de este capítulo que pudieras compartir con otras mujeres que también están experimentando temores?

____

____

____

____

Capítulo 3

El temor en la mujer

Nuestros temores pueden regir nuestras decisiones, alterar la dirección de nuestros días y controlar nuestros corazones.

Christina Fox[1]

SEGURAMENTE, A TODAS nos gustaría vivir siempre libres de temores, para experimentar felicidad. Eso no es nuevo, pues «ha estado entre nosotros desde el inicio de la civilización. Por ejemplo, Epicuro, el filósofo griego del hedonismo, determinó que la clave para una vida feliz era lograr acumular la mayor cantidad de placer mientras se reduce al máximo el dolor. De hecho, esta segunda parte de la fórmula es más importante que la primera. *El requisito indispensable para una buena vida es la erradicación de todo tipo de dolor».*[2]

Eso incluye el dolor que producen los temores a los que las mujeres nos enfrentamos, lo cual es imposible erradicar porque fuimos creadas para sentir; fuimos creadas con emociones. Hay

---

1. Christina Fox, *Un temor santo* (Grand Rapids, MI: Portavoz 2020), p. 19.

2. Jaime Fernández-Blanco Inclán, «Epicuro, o el hedonismo inteligente», Filosofía & Co, 2018, citado en Karla de Fernández, *El secreto del gozo* (Nashville, TN: B&H Español, 2020), p. 20 (cursivas añadidas).

tiempo para llorar y para reír, para lamentarse y para bailar, para amar y para odiar (Eclesiastés 3:1-8). No fuimos creadas para permanecer indiferentes a cualquier sensación de felicidad, de dolor, de alegría. El temor a las personas es real y, en muchas ocasiones, es difícil controlar las sensaciones que este provoca.

La mejor peor cantante del mundo

Cuando investigaba para este capítulo y escribía en mi cuaderno: «*Todas las mujeres tememos*», recordé a una mujer que parecía no temer a nada. «¡¿Cómo puede ser eso posible?! —exclamé a gran voz—. ¡Ella es la antítesis a este capítulo en el que quiero mostrar los tipos de temores que están en *todas* las mujeres!». Así que quiero narrar brevemente la historia de Florence Foster Jenkins, la mejor peor cantante del mundo.

Florence Foster Jenkins fue una mujer estadounidense nacida en 1868 que soñaba desde niña con ser cantante. La realidad era que Florence no tenía talento para el canto, aunque sí para tocar el piano. Sus sueños de niña quedaron guardados en su corazón hasta que, en 1909, de mediana edad y después de un matrimonio fallido, tuvo una «ceremonia de boda simbólica» con un actor británico llamado St. Clair Bayfield, quien se convirtió en su representante artístico, o mánager.[3]

Ese mismo año, tras la muerte de su padre, Florence recibió una pequeña fortuna con la que pudo cumplir su sueño de perfeccionar su voz tomando clases de canto. Fue así como inició su carrera como cantante dando una serie de recitales en el Hotel Ritz-Carlton en Nueva York. Después de recibir la herencia de su madre en 1928, fundó el Club Verdi, lugar donde continuaría realizando sus presentaciones.[4]

---

3. Nicolas Martin, *History vs Hollywood*, https://www.historyvs hollywood.com/reelfaces/florence-foster-jenkins/.

4. *Classical Music*, 14 de junio de 2021, https://www.classical-music .com/features/artists/florence-foster-jenkins-who-was-she/.

Poco a poco, Florence comenzó a darse a conocer. Su carrera crecía, pero su fama no se la daba el talento, sino la falta de este. Florence estaba decidida a cumplir sus sueños, nada parecía pararla. Estaba convencida de que cantaba bien, creía que «era una gran diva de la ópera mientras que sus fieles amigos aplaudían con fuerza para ahogar las risas de los demás y eran quienes escribían críticas benevolentes en los periódicos».[5] La gente se burlaba de ella y su falta de talento.

Sin embargo, Florence nunca dudó de su talento, ella siguió teniendo presentaciones anuales en el hotel Ritz-Carlton en Nueva York y grabó cinco o seis discos. No fue hasta 1944 que cumpliría su mayor sueño: cantar ópera en el Carnegie Hall en Nueva York, donde se agotaron las entradas.

«"Aullidos de risa ahogaron los esfuerzos celestiales de madame Jenkins. Lo que alguna vez fueron sonrisas reprimidas en el Ritz, se transformaron en rugidos descarados en Carnegie", escribió la revista *Newsweek*, en 1944. Florence Foster Jenkins murió en noviembre de ese mismo año de un paro cardiaco, en Nueva York. Y lo hizo después de décadas en que mantuvo firme su deseo de ser cantante. Hizo realidad su sueño, pensara lo que pensara la crítica y el público».[6]

Solo la muerte pudo detener a Florence y su sueño de cantar. Algo admirable en ella es que no tenía temor a la crítica, a ser rechazada, a las burlas ni lo que pudieran decir de ella. Florence estaba convencida de que había nacido para ser cantante y lo logró a pesar de no tener el talento.

Quizá nos perdimos de los verdaderos talentos que ella poseía porque prefirió el canto, pero ella nos da una lección. ¡Cuánto

---

5. Sandra Ferrer Valero, *Mujeres en la Historia*, 24 de septiembre de 2016, https://www.mujeresenlahistoria.com/2016/09/la-mejor-peor-cantante-florence-foster.html (último acceso: 22 de enero de 2022).

6. *BBC NEWS | MUNDO*, 30 de abril de 2016, https://www.bbc.com/mundo/noticias/2016/04/160429_cantante_opera_florence_foster_jenkins_peor_historia_all (último acceso: 3 de febrero de 2022).

necesitamos alejarnos del temor a las personas y la aprobación pública! Florence Foster Jenkins, la mejor peor cantante del mundo, venció el temor a las personas.

Sería maravilloso decir que todas hemos vencido ese temor, pero la realidad es que aún está presente en nosotras. Quiero mencionar ahora tres temores relacionados muy frecuentes en la mujer: el temor a ser expuestas por nuestros pecados, el temor al rechazo y el temor a ser lastimadas.

Temor a ser expuestas por nuestros pecados

En el capítulo 1 vimos que el temor se originó con la entrada del pecado en Adán y Eva. Cuando esto sucedió, la imagen de Dios en ellos se distorsionó y sintieron temor de una forma que seguramente todas hemos experimentado: vergüenza.

No fuimos creadas para sentir vergüenza; esto es consecuencia de la caída. Cuando Dios creó al hombre y la mujer, la Biblia nos dice claramente que «ambos estaban desnudos, el hombre y su mujer, pero no se avergonzaban» (Génesis 2:25). Fue con la entrada del pecado que ellos se dieron cuenta de su desnudez, de lo expuestos que estaban uno frente al otro. Entonces ambos buscaron la forma de cubrirse, de esconder lo que habían hecho, de ocultar que habían desobedecido a Dios:

Entonces fueron abiertos los ojos de ambos, y conocieron que estaban desnudos; y cosieron hojas de higuera y se hicieron delantales. Y oyeron al Señor Dios que se paseaba en el huerto al fresco del día. Entonces el hombre y su mujer se escondieron de la presencia del Señor Dios entre los árboles del huerto. Pero el Señor Dios llamó al hombre y le dijo: «¿Dónde estás?». Y él respondió: «Te oí en el huerto, tuve miedo porque estaba desnudo, y me escondí» (Génesis 3:7-10).

Desde entonces, a lo largo de nuestra vida experimentamos temor a que nuestros pecados sean expuestos por Dios y por otras personas también. Solo pensarlo posiblemente nos genere vergüenza.

¿Por qué tememos ser expuestas? ¿Por qué nos avergüenza que otros sepan nuestros pecados? Recordemos que el pecado nos destituyó de la gloria de Dios (Romanos 3:23). El pecado nos aleja de Dios al abrir una brecha en nuestra comunión con Él. El pecado es infracción de la ley (1 Juan 3:4); es decir, al pecar desobedecemos a Dios. Por eso, al ser expuestas y evidenciarse nuestros pecados, nos avergonzamos de haberle desobedecido. Al igual que nuestros primeros padres, tendemos a escondernos pensando que con eso cubriremos nuestra vergüenza y, probablemente, nadie más se enterará, incluido Dios.

No obstante, aunque intentemos cubrir nuestra vergüenza y seguir nuestra vida como si nada pasara, nos estamos autoengañando. Pensamos que, si nadie se entera de la pecaminosidad de nuestros pecados, no habrá consecuencias, pero nos olvidamos de que Dios escucha, recuerda, nos ve, nos conoce y, delante de Él, estamos desnudas sin poder ocultar nada.

> ¿Adónde me iré de Tu Espíritu, o adónde huiré de Tu presencia? (Salmos 139:7).

Adán y Eva cosieron hojas de higuera para cubrir su desnudez, su vergüenza (Génesis 3:7); nosotras intentamos cubrirnos también. Solemos levantar muros alrededor nuestro, muros que permiten a otros ver solo la parte linda, la que luce perfecta en nuestra vida. Estos muros ocultan lo que sabemos que está mal, esa parte de nosotras por la que si fuera publicada podrían juzgarnos, rechazarnos y alejarse.

Preferimos levantar muros para protegernos y para refugiarnos. De esta manera mantenemos aislado todo eso que nos avergüenza. También ocultamos la verdad. Por ejemplo, mentimos con frecuencia cuando nos preguntan cómo estamos. Preferimos refugiarnos tras esos muros que hemos levantado. Pero ¿qué muros usamos para cubrir nuestra vergüenza?

Mencionaré algunos que he usado en mi propia vida y que mujeres con las que he conversado me han compartido que usan también. Estos son: las redes sociales, la comida, trabajar en exceso, ver series de televisión y leer novelas. Seguramente hay más, pero quiero hacer énfasis en el muro que considero que está más presente en la vida de mujeres hoy: las redes sociales.

Las redes sociales son un muro que hemos usado para refugiarnos y ocultarnos tras nuestras pantallas. Si lo pensamos bien, es paradójico querer ocultarnos ahí, porque estamos incluso más expuestas ante un mundo que observa. Quizá nos exponemos a propósito para ocultar, en la medida de lo posible, lo que no nos gusta de nosotras. Con esto quiero decir que compartimos lo que queremos que otros vean, mostramos solo lo que nos da seguridad, lo que nos pone al nivel de los demás. Tristemente, no nos importa si mentimos o fingimos para seguir ocultando eso que sabemos que nos avergüenza.

Ocultar la realidad en las redes sociales es evidente, pues solo necesitamos abrir cualquier red social y encontraremos perfiles de personas que lucen sumamente felices y plenas. En ocasiones mostrarán un poco de tristeza, pero sus seguidores los llenarán de palabras de ánimo y *likes* para hacerlos sentir mejor con ayuda superficial sin adentrarse en los corazones.

Veremos perfiles de personas con éxito en lo que emprenden, orgullosos de sus logros y alcanzando sus metas; personas que, si

> *Compartimos lo que queremos que otros vean, mostramos solo lo que nos da seguridad, lo que nos pone al nivel de los demás.*

no los conocemos personalmente y vemos solo sus publicaciones, desearíamos ser como ellas. Puede ser que nosotras seamos quienes hablemos y compartamos lo que hacemos para inspirar y ayudar a otras mujeres, pero siempre manteniendo distancia, detrás del muro, donde no sepan nuestras luchas y pecados.

No estoy diciendo que a partir de ahora hagamos públicas todas nuestras luchas, pecados y fallas de carácter en las redes sociales. Aquí no se aplica el dicho: «Si lo sabe Dios, que lo sepa el mundo», porque no es el lugar donde debemos confesar nuestros pecados. La Biblia es clara cuando nos dice que vayamos delante del Padre a confesar nuestros pecados, porque tenemos la entrada directa a Él, con Cristo como nuestro abogado defensor (1 Juan 1:9; Salmos 32:5; Santiago 5:16). Seamos sabias cada vez que estemos a punto de compartir cualquier situación en nuestros muros, no es necesario hacer público todo.

> *Las redes sociales son solo un ejemplo de cómo evitamos ser expuestas al crear la imagen de una vida aparentemente perfecta y en orden.*

Las redes sociales son solo un ejemplo de cómo evitamos ser expuestas al crear la imagen de una vida aparentemente perfecta y en orden. Me queda claro que siempre será atractivo todo aquello que nos mantenga alejadas de la realidad, que nos mantenga enfocadas en nosotras mismas para evitar que nuestro pecado sea expuesto delante de otros, pero principalmente delante de Dios.

La realidad es que, cuando nos presentemos delante de Dios con arrepentimiento de nuestros pecados, caminaremos con total libertad, sin condenación (Romanos 8:1). Gozaremos de su gracia y ya no cargaremos con el peso del pecado, porque Cristo cargó con todos ellos en la cruz.

Edward T. Welch, en su libro *Cuando la gente es grande y Dios es pequeño*, dice acerca de esto mismo:

> Las raíces del temor al hombre inducido por la vergüenza están en nuestra relación con Dios. Estamos parados, a fin de cuentas, bajo su mirada santa y penetrante. Cuando somos particularmente conscientes de haber infringido la justicia de Dios, esa mirada nos condenará a menos que confesemos nuestros pecados y afirmemos que, por la fe, «somos santificados mediante la ofrenda del cuerpo de Jesucristo hecha una vez para siempre» (He. 10:10).[7]

Cristo cubrió toda nuestra desnudez. El evangelio nos recuerda nuestra necesidad de ser cubiertas, de ser rescatadas, de ser perdonadas. Podemos vivir con la libertad de sabernos amadas y perdonadas, y con la confianza de estar limpias, sin mancha y sin condenación delante de Dios. No por nosotras, no por nuestras buenas obras y no porque ocultamos muy bien la realidad de nuestro corazón, sino porque, por esa realidad que nos avergonzaba, Cristo pagó el precio en la cruz y nos limpió para permanecer cerca de Él, para darnos entrada al Padre.

> Oh Señor, Tú me has escudriñado y conocido. Tú conoces mi sentarme y mi levantarme; desde lejos comprendes mis pensamientos. Tú escudriñas mi senda y mi descanso, y conoces bien todos mis caminos. Aun antes de que haya palabra en mi boca, Oh Señor, Tú *ya* la sabes toda (Salmos 139:1-4).

Y, aun así, nos amó.

---

7. Edward T. Welch, *Cuando la gente es grande y Dios es pequeño* (Moral de Calatrava, España: Editorial Peregrino, 2014), pp. 40-41.

Temor a ser rechazadas y señaladas

Una definición de «rechazar» dice lo siguiente: «Mostrar oposición o desprecio a una persona, grupo, comunidad, etc.».[8] Hay diferentes tipos de rechazo que una persona puede experimentar. No todas nosotras hemos sido rechazadas por las mismas razones, pero en algún momento de nuestra vida, lo hemos experimentado.

Pudo haber sido en nuestro hogar con alguno de nuestros padres, porque en lugar de ser niños, fuimos niñas. Quizá lo sufrimos en la escuela cuando no nos elegían en los deportes por el sobrepeso que teníamos. Pudo haber sido al presentarnos a un nuevo trabajo o tal vez con el chico que nos gustaba en la universidad. Quizá nos ridiculizaron por nuestra fe o, simple y sencillamente, nos dijeron: «Ya no quiero tu amistad».

Tememos que nos rechacen porque en el fondo no nos sentimos plenas, completas, y satisfechas.

El rechazo duele, duele muchísimo. Produce en nosotras heridas finas en la superficie, pero profundas y dolorosas en nuestro interior. Solemos temer a que nos rechacen. Solo pensar que no podemos cumplir con las expectativas de otros, que no somos suficientes, que no somos lo que esperaban produce temor y, por consiguiente, anhelamos ser aprobadas por ellos. Tememos que nos rechacen porque en el fondo no nos sentimos plenas, completas, y satisfechas. Nuestro corazón engañoso está sediento; anhela la aprobación de otros.

---

8. Real Academia Española, *Diccionario de la Lengua Española*, s.f. https://dle.rae.es/rechazar#VQ9HPVI (último acceso: 15 de enero de 2022).

Las heridas del rechazo[9]

Si algo nos debe llenar de esperanza en cuanto al rechazo es saber que nuestro Salvador Jesucristo también fue rechazado, no solo por quienes lo aborrecían, sino por sus amigos más cercanos. Un ejemplo claro, que mencioné también en el capítulo 1, es el apóstol Pedro.

El apóstol Pedro estuvo con Jesús desde el comienzo de su ministerio. En cuanto el Maestro lo llamó a seguirlo, Pedro sin dudarlo lo hizo (Mateo 4:18-20). Fue él quien lo reconoció como el Cristo de Dios (Lucas 9:20) y, por si fuera poco, Pedro fue testigo ocular de la transfiguración de Jesús (Lucas 9:28-29). No cabe duda de que Pedro era muy cercano a Cristo.

No obstante, en tres Evangelios se registra el momento en el que Pedro niega conocer a Cristo. Lo rechaza, aun cuando antes había afirmado que por Él iría a la cárcel o, incluso, a la muerte (Lucas 22:33).

Jesús les había dicho tiempo atrás que «Nadie tiene un amor mayor que este: que uno dé su vida por sus amigos» (Juan 15:13). Quizá Pedro tenía esto en mente cuando afirmó que moriría por Él, por su amigo.

La historia bíblica nos muestra que, después de la traición de Judas, prendieron a Jesús para llevarlo a casa del sumo sacerdote y Pedro le seguía de lejos (Lucas 22:54). Mientras esperaban la sentencia, Pedro estaba sentado alrededor del fuego con aquellos quienes habían capturado a Jesús. Ellos lo reconocieron como uno de sus seguidores, y entonces, vino el rechazo:

Una sirvienta, al verlo sentado junto a la lumbre, fijándose en él detenidamente, dijo: «También este estaba con Él».

---

9. Karla de Fernández, *Soldados de Jesucristo*, 28 de abril de 2021, https:// somossoldados.org/las-heridas-del-rechazo/ (último acceso: 10 de enero de 2022).

Pero él *lo* negó, diciendo: «Mujer, yo no lo conozco». Un poco después, otro al verlo, dijo: «¡Tú también eres *uno* de ellos!». «¡Hombre, no es cierto!», le dijo Pedro. Pasada como una hora, otro insistía, diciendo: «Ciertamente este también estaba con Él, pues él también es galileo». Pero Pedro dijo: «Hombre, yo no sé de qué hablas». Al instante, estando él todavía hablando, cantó un gallo (Lucas 22:56-60).

Nuestro amoroso Jesús conoce el dolor del rechazo. Él sabe lo que es ser despreciado y desechado (Isaías 53:3). Jesús entiende el dolor que provoca una amistad rota, o cuando nos traicionan, nos fallan, nos hacen saber que no somos suficientes, o cuando rompen la promesa de que estarán con nosotras en todo tiempo.

Él sabe el dolor que se experimenta en el rechazo, incluso en nuestra propia casa (Marcos 6:4). Sabe acerca del dolor que se experimenta cuando todos nos dejan, mientras estamos con pruebas o en problemas. Cristo sabe el dolor que experimentamos cuando el pecado nos separa de Dios, cuando somos rechazadas por causa del pecado delante de nuestro Santo Dios.

Precisamente por eso hay esperanza. Porque Cristo cargó con nuestros pecados para que nosotras ya no fuéramos rechazadas por el Padre. Él cargó con todo ese rechazo cuando el Padre derramó su ira sobre Él por nuestros pecados (Romanos 5:8-10), para que fuéramos aceptadas por el Padre (Efesios 1:5-7).

Volverá a suceder

He sido rechazada en muchas ocasiones por diferentes personas: algunas desconocidas y otras muy cercanas, amigos a quienes amaba. Puedo decir que, seguramente, volverá a suceder, porque somos pecadoras y porque el único que nunca falla es Dios. Sin embargo, aun sabiendo que ese dolor ya pasó y que Dios nos ha perdonado, de repente viene a mi memoria lo que me lastimó.

Durante años recreaba los momentos en los que alguien me rechazaba y recordaba las palabras textuales de quien ya no quería saber de mí. Tenía presente el lenguaje corporal de estas personas que sutilmente me rechazaban y que, sin duda, no querían ser mis amigos nunca más.

Como mencioné antes, esas heridas son profundas y muchas veces son difíciles de sanar. Son heridas que, en ocasiones, nos llevan a aislarnos para no volver a ser lastimadas, para no darle la oportunidad al rechazo de volver a clavar su aguijón en nosotras. No obstante, esa no es la solución, porque corremos el riesgo de hacernos de una piel dura, revestida de ese temor al rechazo y bañada de ira, resentimiento, dolor y amargura contra quienes nos lastimaron. Incluso, para protegernos a nosotras mismas, cerramos nuestro corazón a otras personas que nada tienen que ver con esas heridas.

En la cruz

Tenemos la opción de quedarnos ahí, estacionadas en la calle de la amargura, aisladas bajo nuestra piel dura, a solas porque no queremos sufrir el rechazo nuevamente, lamiendo las heridas del pasado que quizá ya sanaron y son solo cicatrices, pero que aún las acariciamos para recordarnos que no nos volverá a pasar. Sin embargo, también tenemos una opción mejor: la de levantar nuestros ojos para admirar la cruz de Cristo y recordar que quien murió por nosotras en esa cruz sufrió rechazo, fue abandonado y se quedó solo cargando con los pecados de todos los que un día la mirarían en busca de libertad.

«Todos» incluye a quienes lo habían dejado solo, quienes lo habían rechazado, quienes habían prometido no irse y se fueron… Por amor, Cristo no se rindió ni se aisló. Nosotras no estamos fuera de esa lista. Somos como Pedro, que por temor rechazó a Cristo; somos como los apóstoles, que huyeron dejándolo solo; y como los que gritaban: «¡Crucifícalo!» (Lucas 23:21). Si no fuera por esa cruz… si no fuera por esa cruz seguiríamos perdidas, muertas en nuestros delitos y pecados, rechazando al único y suficiente Salvador.

Por su obra en la cruz fuimos perdonadas de nuestro rechazo, y podemos perdonar a quienes nos han rechazado y extender el mismo amor y gracia que hemos recibido. Por su obra en la cruz encontramos consolación en Él: «Porque así como los sufrimientos de Cristo son nuestros en abundancia, así también abunda nuestro consuelo por medio de Cristo» (2 Corintios 1:5).

Mientras vivamos en este mundo roto, manchado por el pecado, y mientras convivamos con otros pecadores, seguramente experimentaremos rechazo, traición, nos lastimarán, se burlarán de nosotras, nos excluirán y nos ignorarán de forma evidente. Incluso aquellos a quienes llamamos amigos, con quienes compartimos el pan, a quienes hemos amado a pesar de sus errores y a quienes hemos confiado nuestros secretos, podrán rechazarnos sin piedad.

No estamos exentas de volver a experimentar ese dolor. Sin embargo, debemos permitir que eso nos lleve a anhelar la vida que vendrá y que nos recuerde que, gracias a las buenas nuevas del evangelio, ahora podemos entrar confiadamente al trono de la gracia (Hebreos 4:16) y llamar amigo a Cristo, quien no nos traiciona, quien no se va, quien no nos lastima, quien no nos rechaza ni nos deja solas cuando más lo necesitamos, quien comprende nuestro dolor y en quien siempre podremos confiar.

Nuestro bendito Dios nos va perfeccionando día a día haciéndonos más parecidas a su Hijo. Alabado sea Dios porque podemos dejar de temer al rechazo y de buscar la aprobación de otros y, en cambio, ofrecer nuestra amistad y perdón a aquellos que antes nos rechazaron, para así mostrar la obra de Cristo en nuestros corazones, por su gracia y para su gloria.

Temor a ser lastimadas
emocional y físicamente

Todas somos capaces de lastimar a otros a lo largo de nuestra vida. Nacemos con la capacidad de hacer cualquier cosa, sin duda. Pero, gracias a que el Espíritu Santo habita en nosotras, no hacemos todo lo malo y perverso que seríamos capaces de hacer.

Por otra parte, no es de extrañar que alguien pueda dañarnos. Desde Génesis 3, con la entrada del pecado, todos los seres humanos están inclinados a hacer el mal; tan solo necesitamos recordar el primer asesinato de la historia de la humanidad, donde Caín mató a Abel, su hermano de sangre (Génesis 4:1-8).

No es necesario que abramos los portales de noticias para darnos cuenta de que la gente lastima a otras personas por razones que, en muchísimas ocasiones, son irracionales; de hecho, tan irracionales que a veces cuesta creer que sea real.

No obstante, la gente hiere a otros. Lastima a quienes no ama y a quienes ama también. Hombres lastiman a mujeres, y mujeres lastiman a hombres. Hay cónyuges que viven en guerra continua y padres que lastiman a sus hijos, y estos crecen con miedo y resentimiento, y lastiman a otros. No es nuevo. No es algo esporádico. Es una realidad diaria: la gente se lastima entre sí.

Sin embargo, el que sea común no quiere decir que sea normal, que debamos pasarlo por alto o que cerremos nuestros ojos a esa realidad. Debemos ser conscientes de que no solo los golpes lastiman, también las palabras hieren profundamente. Proverbios 12:18 nos dice: «Hay quien habla sin tino como golpes de espada, pero la lengua de los sabios sana».

¿Cuántas mujeres podemos dar testimonio de heridas que otros nos causaron con sus palabras? ¿Cuántas podemos confesar que hemos lastimado a otros con nuestras palabras también? La gente hiere con sus palabras, pero también lo hace con el silencio al ignorar a otros. Es una forma de violencia pasiva.

Es como decirles que «son tan insignificantes» que no merecen nuestra atención.

Toda violencia ya sea física, sexual, emocional, verbal o no verbal, atenta contra la imagen de Dios en el ser humano que está siendo violentado. La imagen de Dios en nosotras nos recuerda que somos semejantes a Él; que somos su preciada obra maestra, pues somos los únicos seres en la creación a quienes Él sopló aliento de vida (Génesis 2:7).

Su imagen en nosotras nos recuerda que debemos amarnos los unos a los otros, cuidarnos, procurar el bien, vivir en armonía y buscar la paz. Sin embargo, como ya lo hemos dicho anteriormente, esta imagen fue dañada por el pecado. No la perdimos, no nos fue quitada, sino que fue distorsionada y, con ello, el bien que podíamos y debíamos hacer a los demás también se vio afectado.

El temor a ser lastimadas es real y más ahora que la violencia contra la mujer ha aumentado, así como las denuncias por abuso sexual. La violencia contra la mujer nos provoca temor. Tan solo pensar que podríamos ser atacadas o lastimadas en un momento de nuestra vida nos lleva a temer.

Probablemente hayamos sufrido algún tipo de violencia desde nuestra niñez y eso pudo dejarnos marcas, recuerdos o temores de que podría volvernos a suceder. Si miramos en retrospectiva y nos damos cuenta de cuánto hemos sido lastimadas en el pasado, puede que seamos presas del temor a que alguien pueda lastimarnos otra vez.

> *El evangelio nos llama a la libertad no solo de nuestros pecados, sino de una vida de abusos y violencia.*

Ese temor a las personas puede ser peligroso porque, por temor a ser lastimadas físicamente, podríamos ceder a las demandas de quienes buscan lastimarnos; podemos desear su aprobación para evitar ser lastimadas una vez más.

Sin embargo, el evangelio nos llama a la libertad no solo de nuestros pecados, sino de una vida de abusos y violencia. Además, debemos evitar ser esclavas del victimismo y de la autocompasión, pensando erroneamente que no somos suficientes o que algo mal hay en nosotras.

He hablado con muchas mujeres que han sido lastimadas en algún momento y de determinada forma. Tristemente, un gran número de ellas se vieron a sí mismas como culpables de lo que les había sucedido. La realidad es que ningún ser humano debería ser lastimado, ningún ser humano *merece* ser lastimado por otros; nadie merece ser lastimado por su sexo, por no cumplir expectativas o por fallar. Si alguien es lastimado o abusado, eso está mal. No podemos minimizarlo, aunque suceda cada vez más en nuestra sociedad.

El temor a ser lastimadas puede modificar nuestras relaciones con otras personas, sobre todo cuando fuimos heridas en el pasado. El dolor puede marcarnos tanto que ahora nos cuesta confiar en otros, pues tememos que nos puedan lastimar también.

Al haber sido lastimadas por otras personas, podemos caer, como mencioné antes, en vernos como víctimas, pero también en aparentar que somos insensibles al dolor y al sufrimiento, como si lleváramos una coraza impenetrable. Sin embargo, es una falsa ilusión pensar que, si negamos el dolor, nadie se atreverá a lastimarnos. La realidad es que, mientras estemos en esta tierra manchada con el pecado, enfrentaremos sufrimiento de algún tipo; esto es parte de lo que significa ser un cristiano. Seremos rechazadas y expuestas, y nos lastimarán de alguna forma. Recordemos lo que Elisabeth Elliot dice en su libro *Sufrir nunca es en vano*:

Independientemente del contenido de la copa que Dios me ofrece (ya sea dolor o penas, sufrimiento o tristeza, junto a muchas alegrías), yo estoy dispuesta a aceptarla porque confío en Él.[10]

¿Cómo respondemos a los temores?

Comencé diciendo que, aunque fuimos creadas con emociones y para sentir, seguramente a todas nos gustaría vivir libres de temores. Entre ellos, el temor a ser expuestas por nuestros pecados y que otros conozcan la pecaminosidad con la que todavía batallamos. El temor nos lleva a alejarnos de otros, a aislarnos y protegernos a nosotras mismas como si eso fuera suficiente y permanente.

Es probable que nos hayamos dado cuenta de que tememos ser rechazadas y señaladas por otros. Tal vez más de lo que pensábamos. Algunas vivimos a la sombra de aquellos que nos han rechazado como si no hubiera salida, como si nuestro mundo se terminara, porque hemos puesto nuestros ojos en ellos, necesitándolos y queriendo ser parte de sus vidas, aunque sepamos que no somos bienvenidas.

Puede ser que, al recordar cómo otros nos lastimaron en el pasado, el Espíritu Santo nos haya traído convicción acerca de que hemos sido hirientes contra otros también. Tal vez con nuestras palabras hemos dañado a personas que amamos, tanto grandes como pequeños. Reconocerlo es una buena señal de que Dios está obrando en nuestros corazones para ir venciendo los temores que aún están presentes en nosotras y que nos pueden tener presas.

Esta es la realidad cotidiana en las mujeres de todo el mundo. Aún tememos, aún experimentamos los estragos de este mundo roto y las consecuencias de nuestra pecaminosidad y la de otros. Pareciera que es una lucha que nunca terminará y que es sumamente difícil de ganar, si acaso existe la victoria sobre cada temor que tengamos.

---

10. Elisabeth Elliot, *Sufrir nunca es en vano* (Nashville, TN: B&H Publishing, 2020), p. 56.

Entonces, ¿cómo respondemos a los temores?¿Qué podemos hacer para vivir libres de temor? ¿Hay algo o alguien que nos ofrezca la respuesta? Mientras haya vida, hay esperanza; mientras el Espíritu de Dios que levantó a Cristo de entre los muertos more en nosotras, tenemos la seguridad de que la vida no tiene que ser en derrota siempre y, menos, en esclavitud.

Hay esperanza, mujer, podemos verlo y vivirlo. Pero antes de que me acompañes en el viaje de vivir libres de temor, es bueno que recordemos que no somos las únicas personas que temen. El temor no solo afectó a las mujeres en la caída, sino a los hombres también. Quizá lidien con más facilidad con el temor —o sepan ocultarlo mejor que nosotras—, pero ten la seguridad de que también temen. Pero ¿a qué temen los hombres?

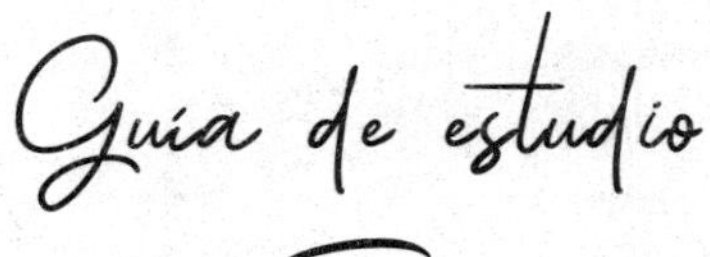

Capítulo 3: El temor en la mujer

La cultura de hoy día nos anima a ser mujeres fuertes, que no muestren debilidad física, ni tampoco emocional. Nos han hecho creer que el mostrarnos vulnerables es sinónimo de una mujer débil y presa de sus emociones. Pero, delante de Dios, las emociones con las que nos creó, entre otras cosas, sirven para saber el estado de nuestro corazón.

1. Vimos tres tipos de temores frecuentes en las mujeres. En tus propias palabras, escribe a qué se refiere cada uno:

   a. Temor a ser expuestas.

   ____

   ____

   ____

   ____

   b. Temor al rechazo.

   ____

   ____

   ____

   ____

c. Temor a ser lastimadas.

____

____

____

____

2. Lee Génesis 3:7-10. ¿Por qué tememos ser expuestas? ¿De qué formas has buscado cubrir «tu desnudez»? ¿Dónde has buscado refugio?

____

____

____

____

3. Explica cómo el evangelio y saber que no hay condenación para los hijos de Dios (Romanos 8:1) te ayuda a hacer frente al temor a ser expuesta por tu pecado. (Lee Salmos 139:1-4).

____

____

____

____

4. Si has experimentado el rechazo en tu vida, ¿cómo ha afectado esto tus relaciones con otros? Explica cómo el recordar que Cristo nunca te rechaza te ayuda a vivir de manera diferente, aun sabiendo que otros podrían rechazarte.

____

____

____

____

5. El temor a ser lastimadas por otros puede ser señal de que hayamos sufrido violencia física, sexual o verbal en algún momento. Si este es tu caso, ¿cómo te ha ayudado el evangelio y el sacrificio de Cristo a salir de ese temor? (Lee 2 Corintios 1:3-5).

____

____

____

____

Nota: Si estás en esta situación, sufriendo violentada de alguna forma, no guardes silencio. Habla con tu mejor amiga, con hermanas maduras en la fe y, de ser necesario, acude a las autoridades para denunciar a quien te pueda estar violentando. No temas.

6. Lee Mateo 26:36-44. Explica cómo conocer el temor que Jesús experimentó te ayuda a hacerles frente a tus temores.

____

____

____

____

7. Recuerda la promesa de Dios escrita en Isaías 41:10-13. Explica cómo el hecho de traerla a tu memoria y recordar que Dios es un Padre presente te ayuda a tener valor frente a los temores.

____

____

____

8. Al meditar en lo comentado en este capítulo, ¿de qué forma has visto a Dios obrar en tus temores? Explica lo que Cristo ha hecho en ti y cómo ha estado obrado el Espíritu Santo en tu vida.

____

____

____

____

Capítulo 4

Los hombres también temen

Nuestros miedos no desaparecen por un deliberado esfuerzo en olvidarlos, sino que se empequeñecen a la luz de la excelencia del Dios que nos dice: «No temas».

José Moreno Berrocal[1]

OPINIÓN NO POPULAR: Todos los hombres temen. A lo largo de los años me he dado cuenta de que los temores que experimentamos las mujeres no son exclusivos de nosotras. Los hombres también los presentan, aunque con menos frecuencia. Sin embargo, sus temores más comunes son diferentes a los de las mujeres, y puede deberse a que no hemos sido diseñados de la misma forma. Somos muy distintas al varón en lo físico, en lo emocional, en lo intelectual, en lo hormonal y en muchos otros factores.

Si estudiamos el Libro de Génesis nos daremos cuenta del lugar que Dios nos dio a cada uno, como varón y hembra, descubriendo las diferencias entre uno y otro; diferencias que en el plan maravilloso y soberano de Dios nos

---

1. José Moreno Berrocal, *En el día que temo* (Nashville, TN: B&H Español, 2021), p. 68.

complementan a la perfección para que ambos cumplamos con Sus planes y propósitos divinos.

[Por ahora solo veamos lo que corresponde a los hombres]. De la creación de Adán podemos aprender que:

- Fue el primogénito. Dios lo creó primero a él del polvo de la tierra (Génesis 1:26).
- Adán no fue creado dentro del huerto, sino que fue colocado en él para gobernarlo (Génesis 2:7-8).
- Se le dio la tarea de trabajar y labrar el huerto (Génesis 2:15).
- Recibió instrucciones espirituales de obediencia a Dios (Génesis 2:16-17).
- Se le encargó la tarea de dominar, liderar y dar nombre a las especies creadas (Génesis 2:18-20).[2]

¿Por qué mencionar las características de la creación de Adán? Porque nos daremos cuenta de que algunos de los temores más recurrentes en los hombres están relacionados con las características propias de su diseño en la creación. El ser protector, guardador, proveedor, líder, cabeza de familia, así como su masculinidad, todo esto se distorsionó con la entrada del pecado; y con la entrada del pecado también apareció el temor, como ya hemos visto.

> *Algunos de los temores más recurrentes en los hombres están relacionados con las características propias de su diseño en la creación.*

¿Te has preguntado acerca de lo que pudo haber experimentado Adán al ser expulsado del paraíso? Si bien es cierto que

---

2. Karla de Fernández, *Hogar bajo su gracia* (Nashville, TN: B&H Español, 2019), p. 27.

Adán tuvo temor cuando Dios lo llamó para saber qué era lo que había hecho después de que comió del fruto prohibido (Génesis 3:10), no hemos hablado acerca de lo que sucedió cuando Dios los expulsó del paraíso. La Biblia dice:

> Expulsó, pues, al hombre; y al oriente del huerto del Edén puso querubines, y una espada encendida que giraba en todas direcciones para guardar el camino del árbol de la vida (Génesis 3:24).

La Biblia no menciona la reacción de Adán y Eva cuando fueron expulsados del huerto del Edén; sin embargo, la expulsión de la presencia de Dios debió haber sido aterradora. Adán fue echado del único lugar que conocía, al que pertenecía, de su hogar donde gobernaba, trabajaba y labraba; el lugar donde tenía todo porque Dios así lo había querido. No obstante, después de desobedecer y pecar, Dios que es Santo y no puede habitar con el pecado (Salmos 5:4), los expulsó sin opción a dejarles volver.

John Flavel, en su libro *Triumphing over Sinful Fear* [Victoria sobre el temor pecaminoso], menciona acerca del temor:

> Todos experimentamos temor natural. Es el apuro o la agitación mental que surge cuando percibimos un mal que se aproxima o un peligro inminente. Aunque no siempre es pecaminoso, siempre es el fruto y el resultado del pecado.[3]

Solo podemos especular sobre el temor que Adán pudo haber sentido al ser expulsado del Edén, ya que el pecado genera temores que nos alejan de Dios y, lejos de Él, no experimentamos seguridad ni paz. Cuando digo que los hombres también temen, no solo me refiero a los temores que son derivados de sus pecados de manera

---

3. John Flavel, *Triumphing over Sinful Fear* (Grand Rapids, MI: Reformation Heritage Books, 2011), p. 8.

específica, es decir, como consecuencia de haber pecado, sino que también temen a sucesos, acontecimientos y, por supuesto, a las personas.

Conocer acerca de los temores que experimentan es un tema necesario para nosotras, porque todas tenemos hombres a nuestro alrededor que pueden estar experimentando algún tipo de temor y es posible que podamos ayudarlos a confiar y depender de Cristo.

Si miramos con detenimiento sus actitudes y nos tomamos el tiempo para escuchar lo que dicen, seguramente nos daremos cuenta de que nuestros padres, esposos, hijos, sobrinos, amigos, hermanos en la fe, compañeros de trabajo o de la escuela, vecinos, amigos de nuestros hijos, *todos* temen a algo.

De hecho, es probable que en algún momento hayas podido identificar los temores más frecuentes en la vida de los hombres que tienes cerca. Seguramente, te hayas percatado también de que tratan de ocultarlos más que las mujeres. No obstante, eso no quiere decir que los hayan vencido, porque ignorarlos u ocultarlos solo los hacen invisibles a otros, pero siguen presentes en sus corazones.

Entonces, ¿a qué temen los hombres? Tuve la oportunidad de preguntar a algunos hombres de diferentes edades acerca de sus temores más frecuentes, y entre ellos están el temor a…

- no ser respetados;
- poner en duda su masculinidad;
- ser expuestos y humillados;
- no ser suficientes y no alcanzar metas (no cumplir expectativas);
- la muerte.

Temor a no ser respetados

Recuerdo una ocasión en la que mi esposo estaba contando una anécdota graciosa a mis hijos. Era tan graciosa que él mismo no podía contarla con claridad, porque no dejaba de reírse. Mis hijos reían más de la risa de su papá que de la historia en sí. Ese momento pudo haber sido uno de los más bellos para recordar de la infancia de mis hijos, pero no fue así porque su mamá —es decir, yo— miraba a su papá con desagrado y, cuando él me miró, lo que encontró fue mi mirada amenazante. Y, por si fuera poco, volteé los ojos hacia arriba en señal de aburrimiento y desagrado para con él. Las risas se terminaron. El momento mágico se convirtió en silencio. Mis hijos se miraron unos a otros sin saber qué hacer y terminaron por guardar silencio también.

Más tarde, cuando mis hijos dormían, mi dulce esposo me dijo con un pesar que se notaba a kilómetros de distancia: «Tal vez no te has dado cuenta de que algunas de tus actitudes para conmigo me lastiman. La forma en que me miras o hablas delante de mis hijos muchas veces muestra falta de respeto por mí y, después de horas o incluso días, ellos actúan irrespetuosamente conmigo y contigo también. Creo que ambos debemos trabajar en esa área».

Sus palabras llenas de gracia y amor me confrontaron con mi pecado. Estaba desobedeciendo el mandato de Dios cuando a las esposas explícitamente nos dice: «En todo caso, cada uno de ustedes ame también a su mujer como a sí mismo, *y que la mujer respete a su marido*» (Efesios 5:33, cursivas añadidas). Gracias a que él se acercó a mí, pude ver mi pecado y pedir perdón a Dios y a él, por la forma en que no le mostraba amor ni respeto al hombre que prometí amar y respetar todos los días de mi vida.

Podemos elegir continuamente respetar a nuestros esposos y tratarlos con gracia y bondad, porque en nosotras habita el Espíritu Santo que nos ayuda en nuestras debilidades. Siempre podemos decidir traerles bien y no mal todos los días de su vida (Proverbios 31:12). Pero no solo a ellos es a quien debemos mostrar respeto. Martha Peace en su libro *La esposa excelente*, nos recuerda:

Dios ha designado puestos de autoridad en el hogar, la iglesia, y el estado, que siempre requieren respeto del que está bajo esa autoridad (1 Pedro 2:17; Hebreos 13:17; Efesios 5:23). Este respeto no es solo por afuera, sino también una actitud interna, del corazón, de obediencia a Dios. La actitud de tratar a una persona con respeto se aplica así se trate de Dios sobre sus criaturas, el padre sobre el hijo, el dueño sobre el esclavo, los ancianos sobre la iglesia o el marido sobre su esposa (1 Corintios 11:3). [...] El respeto es dirigido al puesto, no necesariamente a la personalidad.[4]

Recuerda, nosotras podemos estar faltando al respeto a cualquier hombre si acaso nos burlamos de ellos, los ridiculizamos, somos sarcásticas, si nos impacientamos y les hablamos ásperamente o si los irritamos. Nosotras podemos decidir mostrarles respeto; es decir, tratarlos con gracia, como si todos fueran sumamente especiales para nosotras. En realidad, así deberíamos ver a cualquier ser humano, porque todos tienen plasmada la imagen de Dios en ellos, puesto que todos fuimos creados a su imagen y semejanza. «Honren a todos, amen a los hermanos, teman a Dios, honren al rey» (1 Pedro 2:17).

Temor a poner en duda su masculinidad

En un mundo donde la masculinidad está siendo atacada desde sus cimientos, es necesario que las mujeres conozcamos la importancia que tiene para los hombres saberse respetados en su masculinidad.

No obstante, antes necesitamos conocer la definición de masculinidad de acuerdo con la Biblia. El pastor John Piper y el teólogo Wayne Grudem en su libro: *Recovering Biblical Manhood and Womanhood* [Recuperando la masculinidad y femineidad bíblicas] brindan la siguiente definición:

---

4. Martha Peace, *La esposa excelente*, 2.ª edición (Graham, NC: Publicaciones Faro de Gracia, 2007), p. 114.

La esencia de la masculinidad bíblica es un sentido de responsabilidad benevolente para liderar, proveer y proteger a las mujeres de formas que sean apropiadas en las diferentes relaciones del hombre.[5]

De acuerdo con esta definición, si la masculinidad bíblica se trata de liderar, proveer y proteger a las mujeres, entonces todo hombre que ha nacido de nuevo entiende esto y se esforzará por llevarlo a cabo. De hecho, cualquier hombre que entiende su rol —sea creyente o no— buscará la forma de cumplirlo, porque la masculinidad está implícita en ellos.

Los hombres pueden sentir temor a que su masculinidad se ponga en duda cuando su rol es amenazado; es decir, cuando se les da a entender que lo que hacen para liderar, proveer y proteger no es suficiente.

Esto les sucede a hombres de todas las edades porque, nuevamente, lo llevan plasmado en ellos. Por ejemplo, hay padres de familia que temen no haber hecho lo suficiente por sus hijos, aun cuando dieron lo mejor de sí. Hay esposos que temen cuando el sueldo que perciben no es el suficiente para cubrir los gastos del hogar. Hay hombres que temen y viven esclavos a ese temor porque no pudieron impedir algún accidente que trajo desgracias a una familia; es decir, no pudieron protegerlos.

> Es necesario que las mujeres conozcamos la importancia que tiene para los hombres saberse respetados en su masculinidad.

Está en ellos; fueron creados para liderar, proveer y proteger. Creo necesario aclarar que esto también podemos hacerlo las

---

5. John Piper y Wayne Grudem, *Recovering Biblical Manhood and Womanhood* (Wheaton, IL: Crossway, 2006) p. 51.

mujeres; de hecho, lo hacemos. No obstante, desde la creación, la responsabilidad mayor es para el hombre. Nosotras podemos ayudar a que ellos den fruto y cumplan su rol tal cual Dios lo planeó desde un inicio, porque fuimos creadas para ser su ayuda idónea (Génesis 2:18). Podemos recordarles la bendición que es el rol que tienen como líderes, proveedores y protectores, a pesar de las pruebas que pudieran presentarse y los temores que puedan experimentar.

Esto es importante, sobre todo en estos tiempos, cuando la cultura busca que rechacemos la masculinidad. Sin embargo, en la Biblia, la masculinidad trata de proteger a las mujeres y a los niños. Ellos, los hombres, nuestros hombres, deben recordarlo.

Cuando vi *su temor*, me levanté y dije a los nobles, a los oficiales y al resto del pueblo: «No les tengan miedo. Acuérdense del Señor, que es grande y temible, y luchen por sus hermanos, sus hijos, sus hijas, sus mujeres y sus casas» (Nehemías 4:14).

Estén alerta, permanezcan firmes en la fe, pórtense varonilmente, sean fuertes (1 Corintios 16:13).

Temor a ser expuestos y humillados

Delante de Dios, hombres y mujeres tenemos el mismo valor. Ambos estamos siendo perfeccionados a la imagen de Jesucristo. Sin embargo, también debemos ser conscientes de que el lugar que ellos tienen en cuanto a la creación y su rol como líder, en muchas ocasiones puede verse amenazado no solo por su pecado, sino por el pecado que otros cometen contra ellos.

Al igual que las mujeres, los hombres experimentan temor a ser expuestos y humillados. En ocasiones, estos temores pueden estar bien fundados, y en otras, son solo su percepción. Aun así, este temor está presente en los corazones de algunos de los hombres con los que convivimos.

Hace poco vi la entrevista que le realizaron hace unos años a uno de los dramaturgos más reconocidos de México. En primer plano estaban el entrevistador, el entrevistado y, en un sillón al lado de él, su esposa. Al ser uno de los escritores de obras y guiones —y también actor— con gran trayectoria en el país, las preguntas eran específicas en cuanto a su labor y su carrera.

El entrevistador se dirigía a él con respeto mientras formulaba las preguntas, las cuales eran claras, y el dramaturgo las respondía con facilidad y sin traba alguna, porque conocía de lo que estaba hablando. Todo iba bien hasta que su esposa —que continuaba en un sillón a cierta distancia de él— comenzó a responder por él. Ella interrumpía sus respuestas para corregirlo, agregando también situaciones y momentos. Lo que pudo haber sido una entrevista para recordar las hazañas de ese gran hombre, se tornó incómoda y, hasta cierto punto, humillante para él.

Permíteme mencionar un ejemplo más para ilustrar este temor en los hombres. Se trata del rey David y Mical, una de sus esposas. En la historia del Antiguo Testamento, sabemos que Dios se encontraba con su pueblo en el tabernáculo, el cual era una tienda construida en el desierto, que podía ser transportada conforme el pueblo se movía (Éxodo 25–40).

Esta tienda era un santuario para el pueblo de Israel, porque en él estaba resguardada el arca del pacto (Éxodo 25:10-22). El arca del pacto fue el asiento sagrado del lugar santísimo, donde Dios se encontraba con su pueblo en el tabernáculo y donde hablaba con Moisés para darle instrucciones en referencia a los israelitas (Éxodo 25:22).

El arca era sumamente importante para el pueblo de Israel, porque era un símbolo de la presencia de Dios en medio de ellos. En una ocasión, fue robada por los filisteos y, aunque la devolvieron, no había sido llevada al lugar que le correspondía en Israel (1 Samuel 6:1–7:2). Tiempo después, el rey David la recuperó para devolverla a Jerusalén. La Biblia narra ese suceso de la siguiente manera:

> Entonces David fue, y con alegría hizo subir el arca de Dios de la casa de Obed Edom a la ciudad de David. [...] David danzaba con toda *su* fuerza delante del Señor, y estaba vestido con un efod de lino. Sucedió que cuando el arca del Señor entraba a la ciudad de David, Mical, hija de Saúl, miró desde la ventana y vio al rey David saltando y danzando delante del Señor, y lo despreció en su corazón. Metieron el arca del Señor y la colocaron en su lugar dentro de la tienda que David había levantado para ella, y David ofreció holocaustos y ofrendas de paz delante del Señor. [...] Pero al regresar David para bendecir su casa, Mical, hija de Saúl, salió al encuentro de David, y *le* dijo: *«¡Cómo se ha distinguido hoy el rey de Israel! Se descubrió hoy ante los ojos de las criadas de sus siervos, como se descubriría sin decoro un insensato».* Y David dijo a Mical: *«Eso fue* delante del Señor que me escogió en preferencia a tu padre y a toda su casa para constituirme por príncipe sobre el pueblo del Señor, sobre Israel. Por tanto, lo celebraré delante del Señor (2 Samuel 6:12, 14, 16-17, 20-21, cursivas añadidas).

David estaba feliz. Danzaba con alegría porque, por fin, el arca había sido devuelta al pueblo y ahora podría construirse el templo de Dios. Sin embargo, su esposa vio lo que hacía y, en lugar de regocijarse junto con él, ella prácticamente lo regañó y se burló de él, humillándolo por su forma de vestir y actuar. David en ningún momento actuó sin decoro. No estaba desnudo, solo se había quitado sus ropas reales para vestir un efod de lino.

La respuesta de David fue correcta. Él mostró que no tuvo temor a ser expuesto por su esposa al burlarse ella de él y humillarlo por su comportamiento, el cual no fue pecaminoso, sino en adoración a su Dios. Sin embargo, no todos los hombres responden de la misma manera.

No todos los hombres tienen su identidad bien definida —hablaremos de esto más adelante—, no todos los hombres han superado el temor a las personas o a ser expuestos y humillados. No todos los hombres saben o están seguros de quiénes son delante de Dios como para actuar buscando solo su aprobación y no la aprobación de los demás.

Porque ¿busco ahora el favor de los hombres o el de Dios? ¿O me esfuerzo por agradar a los hombres? Si yo todavía estuviera tratando de agradar a los hombres, no sería siervo de Cristo (Gálatas 1:10).

El motivo por el cual te comparto estos ejemplos es porque nosotras debemos recordar que los hombres también son portadores de la imagen de Dios y que podríamos ayudar a afirmarlos más que a exponerlos, a alentarlos a seguir adelante más que a humillarlos. Esto no es exclusivo de una esposa a su esposo, sino de cualquier mujer a cualquier hombre, sin importar la edad o parentesco.

Temor a no ser suficientes

Este temor está presente en hombres y mujeres de todas las edades. Tememos no ser lo suficientemente buenos en lo que se nos ha encomendado hacer. Tememos no ser suficientes como padres, madres, líderes, empleados, hijos o estudiantes. Tememos no poder cumplir las expectativas de aquellos que nos rodean, de los que están en un puesto superior al nuestro, y en ocasiones tememos a no ser ni hacer lo suficiente para Dios.

Tememos y buscamos con mucha insistencia ser suficientes o, por el contrario, nos rendimos, renunciamos y dejamos todo al saber que no lo somos. Este temor puede afectar la forma en la que nos desempeñamos.

Algo así le ocurrió a Moisés cuando fue llamado por Dios a realizar una hazaña que jamás hubiera podido imaginar. «El Ángel del Señor se le apareció en una llama de fuego, en medio de una zarza» (Éxodo 3:2) «Y el Señor dijo: "Ciertamente he visto la aflicción de Mi pueblo que está en Egipto, y he escuchado su clamor a causa de sus capataces, pues estoy consciente de sus sufrimientos. Así que he descendido para librarlos de mano de los egipcios [...] Ahora pues, ven y *te enviaré a Faraón, para que saques a Mi pueblo*, a los israelitas, de Egipto"» (Éxodo 3:7-8, 10, cursivas añadidas).

Sin embargo, la respuesta de Moisés ante el llamamiento de Dios para tal misión fue una negativa; fue una expresión de insuficiencia. Moisés respondió: «¿Quién soy yo para ir a Faraón, y sacar a los israelitas de Egipto?» (Éxodo 3:11). Era como si Moisés supiera que no reunía todas las condiciones para presentarse delante de Faraón.

Lo que Moisés aun no entendía es que nadie —ningún ser humano— cumple naturalmente todas las condiciones para todo lo que se nos manda hacer o todo aquello que emprendemos. Los hombres de hoy también temen a no ser suficientes, a no cumplir expectativas, a no alcanzar metas que otros —o ellos mismos— han puesto como estándar para alcanzar, ya sea en el mundo secular o en el cristiano.

Por ejemplo, hace mucho tiempo tuve oportunidad de conversar con un joven que tenía el anhelo de ser pastor y servir en su iglesia local (1 Timoteo 3:1). Él me habló acerca de la forma en la que Dios lo estaba preparando para llevar a cabo esa noble labor. Su historia de cómo llegó al evangelio y cómo supo que tenía el llamado a ser pastor, es hermosa y llena de gracia. Él, como cualquier hombre que teme a Dios, quería hacer todo de manera que honrara y glorificara a su Señor.

«Pero hay un pequeño inconveniente que no he querido confesar a mis pastores —me confesó a mí—: Me aterra la idea de fallarles y no ser lo que ellos esperan. Sé que peco al poner mis ojos en ellos, pero ¿qué harías tú? —me preguntó—. Ellos son perfeccionistas. Hacen su labor de manera meticulosa y esperan lo mejor de mí. No puedo ni debo equivocarme».

Hablamos mucho rato. En mi inexperiencia en el tema, me dediqué a escuchar acerca de sus temores y cómo estos le habían causado inestabilidad emocional porque, al temer no ser lo suficientemente bueno como esperaban que fuera, él hacía todo lo que le pedían, aunque no estuviera de acuerdo y aunque tuviera miedo a hacerlo.

Vi su pesar en aquella ocasión y le aconsejé que hablara con ellos y que les expresara su sentir y sus temores. Sin embargo, él no quiso hacerlo. Según me comentó, temía que lo desecharan y entonces sí estaría seguro de no ser suficientemente bueno para ellos. Nunca supe cómo terminó la historia. No sé si se armó de valor y habló con ellos o si siguió ocultando sus temores. Confío en la buena voluntad de nuestro Dios, quien tiene el control de nuestra vida y nada pasa desapercibido para Él, que aquel joven hizo lo correcto delante del Dios a quien debemos agradar.

La realidad es que ningún ser humano tiene superpoderes. Ninguno lo conoce todo ni lo sabe todo. Es en la insuficiencia de nuestra naturaleza que Dios, en su bondad, se deja conocer como el Dios que suple, guarda y provee. Es el Dios que capacita y envía a quienes llama para

· · · ·

Es en la insuficiencia de nuestra naturaleza que Dios, en su bondad, se deja conocer como el Dios que suple, guarda y provee.

· · · ·

realizar la tarea que se les ha encomendado, solo por gracia. Aun si tememos, aun si creemos que no somos suficientes, aun si salimos a la batalla con temor, Él será glorificado y se hará su voluntad en nosotras, con nosotras y a pesar de nosotras.

Temor a la muerte

Sabemos lo horrible que es la muerte cuando hemos perdido familiares o amigos entrañables. No me refiero a la forma de morir, sino a la muerte en sí; a dejar de existir en esta tierra, a cerrar los ojos y no volver a ver a los nuestros.

La muerte no existía en el principio, Dios nos creó para vivir, no para morir. La muerte entró como maldición, como la paga del pecado (Romanos 6:23) y es nuestra enemiga (1 Corintios 15:26). La muerte —como tal— no es algo que deseemos. Lo que deseamos es la resurrección para poder estar con Cristo, aunque para llegar a ella, debamos morir antes.

No obstante, aunque sabemos que la muerte es algo que a todos nos acontecerá —si acaso no viene el Señor Jesucristo por su Iglesia antes de que muramos—, no todos están —estamos— preparados para morir. He conocido hombres y mujeres que me han compartido el temor e incluso terror por experimentar la muerte.

Algunos de los hombres con quienes he conversado acerca de este temor, me han confesado que temen morir porque desconocen qué hay después de la muerte. No saben si hay vida eterna o no. Otros temen a la forma en que morirán; es decir, su mayor temor es morir de una enfermedad incurable o en un accidente de auto. Otro de los temores que mencionaron fue el de morir y dejar sin protección a sus familiares, específicamente a sus esposas e hijos.

Al ser un temor tan frecuente entre los hombres, hablaremos acerca de los tres temores derivados del temor a la muerte. Son temores que tienen que ver con su existencia y, sin lugar a dudas, nadie sabe en qué fecha morirá. Sin embargo, aun si ellos conocieran la fecha de su muerte, seguramente experimentarían temor, quizá traducido en un profundo pesar.

Este temor me recuerda al rey Ezequías en el Antiguo Testamento, uno de los reyes buenos que tuvo el pueblo de Israel después que se dividió en el reino del norte y del sur. Ezequías reinó, con tan solo 25 años de edad, en el reino del sur, al que también conocemos como Judá (2 Reyes 18:2).

La Biblia menciona que este rey hizo «lo recto ante los ojos del Señor, conforme a todo lo que su padre David había hecho» (2 Reyes 18:3). También dice: «Ezequías confió en el Señor, Dios de Israel. Después de él, no hubo ninguno como él entre todos los reyes de Judá, ni *entre los* que fueron antes de él» (2 Reyes 18:5).

Unos años después de ser nombrado rey, Ezequías enfermó gravemente. Él recibió una noticia de parte de Dios por medio del profeta Isaías, que a cualquiera le helaría la sangre: «Y vino a él el profeta Isaías, hijo de Amoz, y le dijo: "Así dice el Señor: 'Pon tu casa en orden, *porque morirás y no vivirás*'"» (2 Reyes 20:1, cursivas añadidas).

¿Te imaginas lo que un hombre podría experimentar al saber de parte de Dios que morirá pronto? Dios le estaba dando la oportunidad de «poner su casa en orden»; es decir, dar a conocer su testamento a su familia. Recordemos que estaba enfermo y, con toda seguridad, lo último que un hombre —o mujer— querría escuchar en medio de la enfermedad es que va a morir. La respuesta de Ezequías nos muestra lo que él experimentó:

> Entonces él volvió su rostro hacia la pared y oró al Señor, diciendo: «Te ruego, oh Señor, que te acuerdes ahora de cómo yo he andado delante de Ti en verdad y con corazón íntegro, y he hecho lo bueno ante Tus ojos». Y Ezequías lloró amargamente (2 Reyes 20:2-3).

El comentario de Matthew Henry acerca de esta porción bíblica dice lo siguiente: «Lloró mucho: algunos deducen de ahí que no estaba dispuesto a morir; está en la naturaleza del hombre temer la separación del alma y el cuerpo».[6]

¿Por qué temía morir el rey Ezequías? David Guzik, en su comentario a esta porción bíblica, dice lo siguiente:

Ezequías vivía bajo el Antiguo Pacto, y en ese tiempo no había una seguridad de la gloria en la vida del más allá. [Temor a qué sucede después de la muerte]. Más bien, Jesús presentó la vida, y la inmortalidad vino a la luz a través del evangelio (2 Timoteo 1:10). También bajo el Antiguo Pacto, Ezequías había considerado esto como evidencia de que Dios estaba disgustado con él.[7]

Este rey bien podría ejemplificar los tres temores más recurrentes cuando hablamos del temor a la muerte: él estaba enfermo *de muerte*, se le dio tiempo para poner su casa en orden, es decir, *no dejar desamparados a los suyos* y, por último, *temor a no saber qué pasa después de morir*.

El final de su historia es milagroso. El mismo Dios que le mandó decir que moriría, fue quien también le dijo que alargaría su vida quince años después de escuchar su oración. Fue un evento glorioso que quedó registrado en la Biblia.

La muerte de Cristo arrebata el miedo a la muerte para todo el que se encomienda al Señor.

Esta historia nos anima a confiar en el Dios que tiene en sus manos nuestra vida y a animar a otros que temen a la muerte a vivir cada día como si fuera el último en el que tendrán aire en los pulmones y el corazón bombeando

---

6. https://biblehub.com/commentaries/mhc/2_kings/20.htm.

7. https://es.enduringword.com/comentario-biblico/2-de-reyes-20/.

sangre. No sabemos cuándo bajaremos al sepulcro, solo sabemos que, un día, los muertos en Cristo resucitarán primero (1 Tesalonicenses 4:16), y nosotras, las que lo hemos creído, estaremos ahí con Él. La muerte de Cristo arrebata el miedo a la muerte para todo el que se encomienda al Señor.[8]

Para recordar

Los hombres, así como las mujeres, temen. Todos tememos a algo o a alguien; es la realidad de la naturaleza caída. Todos tememos de diferentes formas y por diferentes causas, o como consecuencia del pecado que cometimos o de los pecados que cometen contra nosotros.

Sin embargo, ¡qué bendición es que podamos conocer y entender un poco más a los hombres con quienes tenemos relación o cercanía! Este capítulo trata precisamente acerca de los temores de los hombres, para saber y entender algunas de sus actitudes que quizá estén influenciadas por los temores con los que batallan o experimentan.

Es bueno recordar que nosotras no podremos quitarles los temores, pero sí podemos ser mujeres que muestren la gracia de Dios para encaminarlos a Cristo. Podemos ser mujeres que les ayuden a ver la manera de ser libres de temor y de vivir en completa libertad, porque, cuando el Espíritu de Cristo te liberta, eres verdaderamente libre, incluso de los temores más arraigados que tengas, seas hombre o seas mujer.

Quizá muchos de ellos no han identificado que los temores que tienen más arraigados son derivados de la pecaminosidad con la que se manchó el diseño de su creación. Otros quizá no saben o no entienden cómo expresar que esos temores los han alejado de

---

8. José Moreno Berrocal, *En el día que temo* (Nashville, TN: B&H Español, 2021), p. 80.

Dios y eso los mantiene fríos, distantes de Él. Por ende, se sienten aterrados.

Pienso en lo difícil que ha de ser para muchos de ellos aceptar que temen ser considerados menos hombres. Hasta el simple hecho de decir que temen puede resultar contraproducente para ellos, porque al mostrarse vulnerables, se podría interpretar que son menos masculinos.

Hasta ahora hemos visto cómo los temores afectan la vida de hombres y mujeres de cualquier edad. Hay incluso temores que afectan nuestro día a día, aunque no seamos conscientes de eso. No es sencillo aceptar que tememos a algo o a alguien. La eliminación de los temores requiere una cercanía con Dios, porque el perfecto amor echa fuera el temor.

Como creyentes no debemos olvidar que hay alguien supremo, superior a nuestros temores más arraigados y más fuertes. No debemos olvidar que tenemos un Dios soberano que gobierna y reina sobre todo y, además, que nos amó y nos eligió desde antes de la fundación del mundo para ser sus hijos e hijas.

> *La eliminación de los temores requiere una cercanía con Dios, porque el perfecto amor echa fuera el temor.*

Nuestros temores no son desconocidos por Dios, Él no los pasa por alto. Él sabía que temeríamos en algún momento. Por eso nos dejó dicho en tantas y tantas ocasiones a lo largo de su Palabra: ¡No temas! ¡Yo estoy contigo! Pero hay algo más que debemos recordar. Dios es más grande que todo aquello que podamos temer, Dios nos adoptó y nos dio una identidad, Dios nos ha bendecido en abundancia, solo por amor.

Muchos de los temores —tanto de los hombres como de las mujeres— nos hacen olvidar quiénes somos delante de Dios. Nos hacen olvidar también lo que el sacrificio de Cristo significó para nuestra vida en esta tierra y en la venidera. Por último, nos hacen olvidar a quién debemos temer.

Por tanto, necesitamos recordar quiénes somos —nuestra identidad— y por qué debemos temer a Dios más que a las personas y más que a cualquier cosa que pueda generarnos temor. Conocer eso nos traerá libertad, porque como está escrito: «El día en que temo, yo en Ti confío» (Salmos 56:3). Pero para poder decir eso necesitamos aprender a descansar en quién es Dios y quiénes somos en Él.

Dios es más grande que todo aquello que podamos temer.

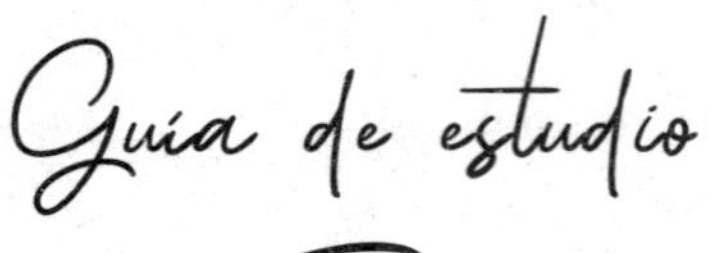

Capítulo 4: Los hombres también temen

Cada día tenemos la oportunidad de conversar y compartir el día a día con hombres, creyentes o no, que quizá no han tenido la oportunidad de expresar sus temores con alguien de confianza. Nosotras podemos ser un instrumento en las manos de Dios para dirigir a esos hombres a Cristo y a que busquen ayuda en hombres maduros en la fe que puedan acompañarlos en su caminar diario.

1. ¿Qué tipos de temores has podido identificar en los hombres con quienes convives?

   ____

   ____

   ____

   ____

2. Lee Romanos 13:1 y Efesios 5:33. ¿Por qué crees que Dios nos manda respetar a nuestros esposos y aquellos con autoridad sobre nosotras? ¿De qué manera puedes mostrar respeto a los hombres que están cerca de ti?

   ____

   ____

   ____

   ____

3. Sabiendo que todos somos portadores de la imagen de Dios, ¿cómo crees que debes dirigirte a los hombres que están a tu alrededor en respuesta a lo que Cristo hizo por ti?

\
\
\
\

4. Si te has dado cuenta de que has minimizado la masculinidad de un hombre, al mostrarle que no es suficientemente bueno para liderar, proveer y protegerte, ahora que estás en Cristo, ¿de qué formas podrías afirmar su masculinidad y la de los hombres con quienes convives?

\
\
\
\

5. Vimos también que los hombres temen ser humillados, expuestos, no ser suficientes y a la muerte. ¿De qué formas bíblicas podrías ayudar a los hombres que tienes cerca a dirigirse a Cristo?

6. Al meditar en lo comentado en este capítulo, ¿de qué forma has visto a Dios obrar en tu vida?

____

____

____

____

7. ¿Qué lecciones extraes de este capítulo que pudieras compartir con otras mujeres?

____

____

____

____

8. Ora dando gracias a Dios por lo que has aprendido e identificado en el corazón de los hombres con quienes convives, así como por momentos oportunos para hablarles de Cristo.

La identidad que vence el temor

Lo que hacemos no debe determinar quiénes somos; más bien, quienes somos por la gracia de Dios debería determinar lo que hacemos.

Bryan Chapell[1]

ES PROBABLE QUE si nos preguntan: «¿Quién eres?», respondamos con nuestro nombre, profesión, estado civil o, si somos mamás, seguro responderemos: «Soy la mamá de Dany, Santi y Matías». Y si le preguntamos a alguien no creyente: «¿Para qué naciste?», las respuestas variarán mucho. Podríamos escuchar: «Nací por accidente», «No sé para qué nací» o tal vez «Aún no he descubierto para qué nací». Pero si le hacemos estas preguntas a una creyente en Cristo, su respuesta podría ser, por ejemplo: «Soy *hija de Dios* por gracia. Nací para *glorificar a Dios* en todo lo que hago y soy».

Sin embargo, aunque nos sabemos las respuestas obvias en el «lenguaje cristiano» que dejan clara cuál es nuestra identidad en Cristo, puede ser que muchas mujeres no entiendan cómo estas

---

1. Bryan Chapell, *Unlimited Grace* (Wheaton, IL: Crossway Publishers, 2016), p. 31. Publicado en español por Poiema Publicaciones con el título *Gracia sin límites*.

respuestas, que revelan su identidad, les ayudan a vivir la vida plena en Cristo, un día a la vez. Es decir, no entienden cómo lo que Cristo hizo en la cruz —para hacernos hijas— y darnos un motivo de vivir —para la gloria de Dios— afecta y permea nuestra vida diaria. Si no sabemos quiénes somos, será muy difícil saber cómo vivir la vida cristiana, porque estaremos buscando algo o alguien que nos defina en cada etapa de nuestras vidas.

Puede ser que desconozcamos nuestra identidad verdadera. En los capítulos anteriores hemos visto cómo, por causa del pecado, solemos determinar nuestra identidad con base en lo que otros dicen que somos, en lo que tememos o en lo que esperamos alcanzar para recibir aprobación de otros. Es decir, el temor a las personas nos lleva a creer que somos lo que dicen de nosotras, y eso cambia nuestra forma de comportarnos, de vernos a nosotras mismas, de actuar. Por ende, creemos que nuestra forma de pensar acerca de Dios y de lo que Él dice de nosotras no es la correcta. Esto es porque no vivimos de acuerdo con nuestra identidad en Cristo.

Entonces, ¿quiénes somos en Cristo? ¿Cuál es nuestra verdadera identidad? La Palabra de Dios nos dice quiénes somos:

- **Somos imagen de Dios**. «Y dijo Dios: "Hagamos al hombre a Nuestra imagen, conforme a Nuestra semejanza; […]". Dios creó al hombre a imagen Suya, a imagen de Dios lo creó; varón y hembra los creó» (Génesis 1:26-27). En primera instancia somos valiosas porque tenemos la imagen de Dios estampada en nosotras. No necesitamos buscar que alguien determine que somos valiosas, porque, por ser creación de Dios a su imagen y semejanza, ¡ya lo somos! Dios ha impregnado su valor en nosotras.
- **Estamos unidas a Cristo**. Esta es una verdad que encontramos en Efesios 1:3-13, donde el apóstol Pablo habla acerca de los que hemos recibido y aceptado el mensaje del evangelio. Dice que estamos «en Cristo» o «en Él» para

referirse a esa unión que tenemos con Él. Esa porción de la Biblia dice que somos bendecidas (v. 3), escogidas (v. 4), amadas (v. 4), adoptadas (v. 5), redimidas (v. 7), perdonadas (v. 7) y selladas con el Espíritu Santo (v. 13). No solo nosotras, sino todos aquellos que han creído en la vida, muerte y resurrección de Cristo.

Leer esto nos deja claro que nuestra identidad, nuestro valor y nuestra dignidad no vienen de nada que no sea de Dios. Solo Él, como nuestro Creador y Padre, tiene la capacidad y todo el poder para decir quiénes somos. Nosotras tenemos que recordarnos todos los días esta verdad, la de ser sus hijas y todo lo que conlleva serlo; es decir, necesitamos y debemos vivir sabiendo que somos amadas, perdonadas, justificadas, santificadas, así como que hemos sido selladas con el Espíritu Santo.

Temer, una trampa

Es maravilloso saber quiénes somos en Cristo: nuestra posición y valor por Él y en Él. Sin embargo, aun conociendo esa verdad, no es tan sencillo percatarnos de cuánto nos afecta el temor a las personas. No nos damos cuenta de cómo moldea nuestra identidad y cómo eso hace que nos vayamos formando un concepto de nosotras que no es el que Dios ha dicho, sino un concepto que está manchado con nuestro pecado y el pecado de aquellos a quienes tememos.

La identidad que se basa en lo que nosotras pensamos de nosotras mismas o en lo que otros han dicho o nos han hecho creer que somos, no muestra para nada la realidad de quiénes somos en Cristo. Cuando tememos a las personas, creemos lo que ellos dicen que somos y nos dejamos moldear por sus palabras y pensamientos, porque les hemos dado poder para definirnos, un poder que afecta quiénes creemos que somos y cómo pensamos que debemos actuar.

El temor al hombre es un lazo, pero el que confía en el Señor estará seguro (Proverbios 29:25).

«El temor al hombre es un lazo». Es una trampa; y si caemos en ella, debemos hacer todo lo que esté a nuestro alcance para liberarnos y luchar para salir cuanto antes. La buena noticia es que no estamos solas. Dios nos ayuda a salir libres de la trampa del temor todas las veces que sean necesarias. Sin embargo, no significa que no volveremos a temer a las personas nunca más. Ese temor podrá hacerse presente cuando menos lo esperemos, pero podemos estar tranquilas al saber que Dios, por medio de su Espíritu Santo, transforma el temor a las personas en temor de Dios, como lo veremos en el siguiente capítulo.

> *Cuando tememos a las personas, creemos lo que ellos dicen que somos y nos dejamos moldear por sus palabras y pensamientos, porque les hemos dado poder para definirnos.*

Saber quiénes somos en Cristo nos ayudará a enfrentar nuestro temor a las personas restando el poder que tienen para definirnos. ¿Cómo puede ser eso posible? ¿Qué tiene que ver nuestra identidad en Cristo con el dejar de temer a las personas? Seguramente has escuchado: «Tenemos que predicarnos el evangelio todos los días», lo cual es una realidad. Todos los días necesitamos recordar las buenas nuevas de Jesús y vivir en esa nueva vida que Él nos ha dado. Hablemos más sobre esto para que quede claro.

¿Quiénes somos en Cristo?

¿Cómo podemos hacer frente al temor a las personas? Puesto que el temor a las personas distorsiona nuestra identidad, para hacerle frente es necesario que conozcamos y recordemos quiénes somos en Cristo, quiénes somos a la luz de lo que Dios dice que somos; es decir, necesitamos conocer nuestra identidad verdadera. Tener la certeza de nuestra identidad en Cristo nos ayudará a vencer el temor a las personas.

Quizá para ti no es nuevo el mensaje del evangelio. Tienes presente que, por la gracia de Dios y por medio del sacrificio de nuestro Señor Jesucristo, quien tomó nuestro lugar entregándose como pago por nuestros delitos y pecados, al arrepentirnos de estos, Dios nos dio la salvación eterna de nuestra alma.

Tener la certeza de nuestra identidad en Cristo nos ayudará a vencer el temor a las personas.

¡Qué gran regalo! Dios, al perdonarnos y salvarnos, nos ve ahora como si nunca hubiéramos pecado, como si nuestra vida hubiera sido siempre en obediencia a Él. Con el perdón de nuestros pecados se nos ha dado el regalo de la vida eterna, pero también ahora en esta vida se nos ha dado una nueva identidad. ¡Somos nuevas criaturas! (2 Corintios 5:17).

Cuando Cristo, *nuestra vida*, sea manifestado, entonces ustedes también serán manifestados con Él en gloria (Colosenses 3:4, cursivas añadidas).

Cristo, nuestra vida… Esa es nuestra identidad. Tenemos una nueva identidad, la de Cristo. Estamos en Él, le pertenecemos, somos miembros de su familia. Nuestra identidad está ligada a lo que amamos con todo nuestro ser, lo que nos ofrece esperanza, lo que nos da plenitud; es decir, encontramos nuestra identidad en el objeto de nuestra adoración. Por eso, nuestra identidad está ligada a la obra de Cristo, a lo que hemos recibido de Él.

Nuestra identidad, como mencioné anteriormente, no se trata de lo que hacemos o de lo que otros dicen que somos. No se trata de lo que tenemos ni de lo que pensamos que podemos lograr. La identidad está definida por lo que Dios ha hecho con nosotras por medio de Cristo, y por la relación que tiene con nosotras y por dónde nos dirige para la eternidad. Todo lo hemos recibido por gracia. No tuvimos que hacer nada para recibirlo. Cristo en su amor y gracia lo hizo todo. Se entregó a sí mismo (Tito 2:14) para que no tuviéramos que pelear por ello. Él se dio en abundancia y por completo por nosotras. No tenemos que ganarnos su amor y su aceptación, ya lo hemos recibido solo por gracia.

Somos amadas

Es importante recordar quiénes somos en Cristo, cuán amadas somos por Él, porque como Elyse Fitzpatrick dice en su libro *Porque Él me ama*:

> *Encontramos nuestra identidad en el objeto de nuestra adoración.*

… el amor de Dios primero transforma nuestros corazones para después cambiar nuestro comportamiento. Es cierto que Él transforma nuestro comportamiento externo (en lo que usualmente nos enfocamos), pero esta transformación empieza con la renovación de nuestro interior. Si no reconocemos su obra de amor, la que ya ha hecho y sigue haciendo, no tendremos el coraje o la fuerza que necesitamos para pelear contra el pecado de la forma en que Él nos llama a hacerlo. No tendremos la fe para seguir diciendo: «Sí, Señor», a menos que descansemos en el «sí» eterno que Él nos ha dado.[2]

---

2. Elyse Fitzpatrick, *Porque Él me ama: Cómo Cristo transforma nuestra vida* (Medellín: Poiema Publicaciones, 2018), p. 44.

Saber que somos amadas por el Padre no solo nos transforma por dentro, también cambia la forma en que amamos a otros y recibimos el amor de los demás. La noche que nuestro Señor Jesucristo fue traicionado, Él oró al Padre pidiendo que supiéramos cuán amados somos todos. Él dijo:

Yo en ellos, y Tú en Mí, para que sean perfeccionados en unidad, para que el mundo sepa que Tú me enviaste, y que los amaste tal como me has amado a Mí (Juan 17:23).

Somos amadas con la misma intensidad con la que Cristo fue amado por el Padre. Otra vez, ¡somos amadas con la misma intensidad con la que el Padre ama a Cristo! ¡Somos muy amadas! Quizá no alcanzamos a comprender cuán grande y eterno es ese amor por nosotras, pero podemos estar seguras de que es un amor incomparable, un amor puro, santo, sin mancha; un amor que envuelve, perdona, restaura y se da sin condición alguna.

> Saber que somos amadas por el Padre no solo nos transforma por dentro, también cambia la forma en que amamos a otros y recibimos el amor de los demás.

Dios nos ama tanto que, aun antes de la fundación del mundo, antes de que hubiéramos hecho lo bueno o lo malo, Él ya nos amaba y pensó en nosotras para que seamos sus hijas, santas y sin mancha: «Porque Dios nos escogió en Cristo antes de la fundación del mundo, para que fuéramos santos y sin mancha delante de Él» (Efesios 1:4).

Cuando leemos que nos escogió para ser *santas y sin mancha* y recordamos nuestra historia, seguramente reconocemos que estábamos muy lejos de ser halladas santas y sin mancha. Hubo situaciones —y seguro las habrá nuevamente— en las que pecaron contra nosotras y nosotras pecamos contra otros seres humanos. Esto puede generarnos temor.

Temores a causa de lo que hemos vivido, temor a las consecuencias de nuestros actos o temor a ser expuestas. Pero el evangelio ofrece buenas noticias para los pecadores; es decir, para todos, puesto que todos hemos pecado. Todas las personas son culpables delante de Dios. Por causa del pecado no somos ni santas, ni sin mancha. Necesitamos que alguien santo, justo y sin mancha nos declare santos, perdone nuestros pecados y nos limpie de toda maldad (1 Juan 1:9; 2:1).

Nosotras no podemos hacerlo. Por eso, nuestro Señor Jesús vino a esta tierra a vivir la vida que no podíamos vivir nosotras. Él vivió de manera justa para justificarnos. Él murió en la cruz la muerte que nos correspondía a nosotras. Él murió en nuestro lugar.

> Porque también Cristo murió por *los* pecados una sola vez, el justo por los injustos, para llevarnos a Dios, muerto en la carne pero vivificado en el espíritu (1 Pedro 3:18).

Somos amadas. Cristo murió por los pecadores. Por amor nos ha hecho santas al apartarnos para Él y al estar todos los días haciéndonos más parecidas a Él. Es por amor que nos ha dado su identidad. Es por amor que hoy por hoy podemos amarle y amar a otros mucho más intensamente que el temor que antes podíamos sentir o experimentar. El amor de Cristo nos lleva a anhelar su amor, pero también nos ayuda a amar a otros de manera que el temor vaya disminuyendo al recordar por quién somos amadas eternamente.

Somos justificadas

Sabemos que somos amadas por Dios y, al reconocer nuestros pecados y arrepentirnos de ellos delante de Dios y depositar nuestra fe en la vida, muerte y resurrección de Cristo, somos justificadas; es decir, Cristo nos hace inocentes de todos los cargos tomando nuestros pecados como si fueran sus propios pecados. Por eso, Dios no nos castiga por nuestros pecados. La muerte de Cristo, su sacrificio en la cruz del calvario, ha pagado la pena de nuestros pecados y no tenemos condena que pagar. Somos llamadas inocentes, libres de culpa y condenación.

> Él nos salvó, no por las obras de justicia que nosotros hubiéramos hecho, sino conforme a Su misericordia, por medio del lavamiento de la regeneración y la renovación por el Espíritu Santo, que Él derramó sobre nosotros abundantemente por medio de Jesucristo nuestro Salvador, para que *justificados por Su gracia* fuéramos hechos herederos según *la* esperanza de la vida eterna (Tito 3:5-7, cursivas añadidas).

Somos justificadas; ahora somos nuevas criaturas por medio de Cristo. Recordarlo y vivir cada día conscientes de esa gran verdad hace una gran diferencia. Cuando recordemos nuestros pecados y los pecados de otros contra nosotras, podremos dar gracias a Dios por Cristo al saber cuán amadas somos, cuán perdonadas y cuán declaradas justas e inocentes somos delante de Dios. Seremos agradecidas con Él por su obra, por salvarnos, por perdonarnos y capacitarnos para perdonar a otros. Podremos también extender perdón a quienes nos dañaron, a quienes tememos que nos expongan, pero también podremos pedir perdón a quienes hemos dañado y pecado contra ellos.

¿Cómo el saber que somos justificadas nos ayuda a no temer a las personas? El evangelio siempre será la respuesta a lo que acontece en nuestra vida. Estar en Cristo nos hace libres de la esclavitud del pecado. Ya no hay condenación para nosotras (Romanos 8:1), somos libres, estamos en Cristo, tenemos una nueva identidad. Al saber que somos justificadas, podemos hacerle frente al temor a ser expuestas, porque en Cristo somos inocentes de todos los cargos.

Milton Vincent, en su maravilloso libro *Manual del evangelio*, expone lo siguiente:

El evangelio también me recuerda que mi posición de justificado ante Dios se mantiene siempre firme a pesar de mi rendimiento, porque mi posición es basada únicamente en la obra de Jesús y no en la mía [Romanos 5:18-19]. En mis peores días de pecado y fracaso, el evangelio me anima con la implacable gracia de Dios hacia mí [Romanos 5:20-6:1]. En mis mejores días de victoria y utilidad, el evangelio me mantiene relacionándome con Dios únicamente a base de la justicia de Dios y no la mía.[3]

Hemos sido declaradas justas, inocentes de todos los cargos que había contra nosotras delante de Dios. Ahora que nuestro historial ya está limpio, ¿habrá consecuencias de nuestros actos? Seguramente, pero estando firmes en la identidad que tenemos en Cristo como mujeres que han sido perdonadas y justificadas por Él, nuestros temores a ser expuestas, a ser evidenciadas por otros irán menguando. No porque nos haremos insensibles, sino porque habremos entendido que el máximo Juez del universo, nuestro Dios y Padre, nos ha perdonado y delante de Él ya no somos culpables. Nuestra vida está limpia por la obra de Cristo.

Somos adoptadas

Esta es una gran verdad respecto a nuestra condición como hijas: somos adoptadas. La Palabra de Dios dice: «En amor nos predestinó *para adopción como hijos para sí mediante Jesucristo*, conforme a la buena intención de Su voluntad, para alabanza de la

---

3. Milton Vincent, *Manual del evangelio para cristianos* (Sebring, FL: Editorial Bautista Independiente, 2021), pp. 15-16.

gloria de Su gracia que gratuitamente ha impartido sobre nosotros en el Amado» (Efesios 1:4b-6, cursivas añadidas).

Antes de ser adoptadas por Dios, éramos huérfanas. Vivíamos lejos de Él, sin familia, sin herencia, sin un Padre perfecto y santo al que pudiéramos correr cuando necesitábamos consuelo; sin un Padre que nos corrigiera en amor para ayudarnos a crecer y madurar en esta vida en preparación para la vida eterna.

No obstante, por su amor puesto en nosotras, nos adoptó como hijas legítimas mediante la sangre de Cristo. Nos dio una familia en Él (Romanos 8:15), y podemos llamarle ¡Padre! Podemos ir confiadamente al trono de la gracia, delante de Él, en cualquier momento.

Fuimos adoptadas aun cuando no éramos dignas herederas de recibir los derechos como hijas. Sin embargo, como ya vimos, Cristo nos justificó, nos declaró inocentes. Dios nos ha recibido como hijas. ¡Somos sus hijas y parte de una gran familia! Me encanta como Elyse Fitzpatrick habla acerca de esta gloriosa verdad en su libro *Porque Él me ama*, citado anteriormente. Ella dice:

Eres un miembro de la familia celestial de Dios; Pablo, Pedro, Juan y hasta Jesús mismo son tus hermanos. María, Su madre terrenal, es tu hermana. «Queridos hermanos, *ahora* somos hijos de Dios» (1 Jn. 3:2 [NVI]). Ya no nos identificamos por nuestra nacionalidad, género, denominación o estatus económico, porque «Cristo es todo y está en todos» (Col. 3:11 [NVI]). Esta adopción radical rompe todas las barreras que alguna vez hayan separado a hermanos, y nos hace a todos uno en Él: «Todos ustedes son hijos de Dios mediante la fe en Cristo Jesús [...] Ya no hay judío ni griego, esclavo ni libre, hombre ni mujer, sino que todos ustedes son uno solo en Cristo Jesús» (Gá. 3:26, 28 [NVI]).[4]

---

4. Elyse Fitzpatrick, *Porque Él me ama: Cómo Cristo transforma nuestra vida* (Medellín: Poiema Publicaciones, 2018), p. 69.

¿Cómo el hecho de saber que somos adoptadas nos ayuda a vencer el temor a las personas? Cuando no éramos dignas de ser llamadas hijas, Dios el Padre eterno, por su amor y para la alabanza de su gloria, nos adoptó. Ahora, el hecho de que nos llame *hijas* nos debe llenar de alegría, gratitud y *humildad*.

En especial, debemos sentir humildad, al reconocer que, aun sin merecerlo, Dios nos hizo hijas. Nos trajo a Él y por Él, delante de la cruz. Todos valemos lo mismo, con la misma altura y la misma dignidad. Ningún hombre o mujer en el mundo entero tiene un valor superior a otro. Recordar esta verdad nos ayudará a hacerle frente al temor por causa de nuestro orgullo, porque pensaremos con cordura acerca de nosotras mismas y, como dice la Palabra de Dios:

> No haremos nada por egoísmo o por vanagloria, sino que, con actitud humilde, nos consideraremos unos a otros como más importantes que nosotros mismos; no buscaremos nuestros propios intereses, sino los de los demás. Tendremos la actitud humilde de Cristo (paráfrasis de Filipenses 2:3-8).

Recordar que hemos sido adoptadas no porque valemos más que otros, ni porque lo merecemos más que otros, sino por el puro afecto de la voluntad del Padre (Efesios 1:5), debe hacernos humildes. Aunque hemos de recordar que no podemos obligarnos a ser humildes, eso viene de Cristo por medio del Espíritu Santo que vive en nosotras. Como Nelson Matus nos recuerda acerca de la humildad en el libro *El orgullo: la batalla permanente de todo hombre*:

> La humildad no es una virtud natural del hombre. [...] La humildad genuina, no falsificada, es una vida expresada: es la vida de Cristo expresada por medio de la presencia del Espíritu Santo en cada uno de los regenerados. No es una

vida propia, no es un fruto propio. Ese poder es el que produce, tanto de manera interna como externa, la virtud de Cristo en nosotros.[5]

La humildad en nosotras, por medio de la obra del Espíritu Santo, sirve a otros. La humildad ayuda a otros. La humildad nos ayuda a ver a otros como superiores a nosotras mismas. La humildad ve a otros como compañeros, no como rivales. La humildad mira las necesidades de otros y les sirve, suple y acompaña. La humildad nos recuerda que todo es por gracia: lo que tenemos, lo que no tenemos, el lugar en el que estamos y el lugar en el que otros están. Todo es por gracia, y la humildad nos ayuda a alegrarnos en todo.

La humildad que recibimos de Cristo nos ayuda a expresar gratitud a Dios por su gracia. Podemos gozarnos con los que se gozan y tener el mismo sentir unos con otros sin ser altivas ni sabias en nuestra propia opinión (paráfrasis de Romanos 12:15-16). La humildad que recibimos al ser adoptadas por medio del Hijo de Dios, quien se humilló por nosotras, nos ayuda a vencer el temor a las personas por causa de nuestro orgullo, al recordarnos que no nos merecemos nada, pero en Él lo tenemos todo; estamos completas.

> No nos merecemos nada, pero en Él lo tenemos todo.

Estamos completas en Cristo

¿Cuántas veces nos habremos sentido incompletas sin saberlo? Es decir, puede ser que no nos hayamos dado cuenta de cuán incompletas nos sentimos, pero nuestros actos son los que gritan que

---

5. Daniel Puerto y Josué Pineda Dale, *El orgullo: la batalla permanente de todo hombre* (Grand Rapids, MI: Editorial Portavoz, 2021), p. 41.

nos sentimos así, incompletas. Una manera de percatarnos cuánto estamos dependiendo de otros para sentirnos completas es examinando si tenemos sed de aprobación; es decir, si estamos esperando que otros nos hagan sentir valiosas o amadas, o que validen lo que somos o hacemos.

Otra manera para darnos cuenta es estar pendientes de cuántas veces pensamos: «Si tan solo tuviera, tal o cual cosa…», «Si tan solo él me amara…», «¿Qué pensará de mí si lo hago (o no lo hago)?, ¿me seguirá amando?». Cuando pensamos así, estamos viviendo de acuerdo con la creencia de necesitar a otros para sentirnos completas. Pero ¿qué dice la Biblia acerca de esa falta de plenitud? La Biblia dice:

> Porque toda la plenitud de la Deidad reside corporalmente en Él [Cristo], y ustedes han sido hechos completos en Él, que es la cabeza sobre todo poder y autoridad (Colosenses 2:9-10).

¡Estamos completas en Él! *Toda la plenitud de la Deidad reside en Él*, en nadie más. ¿Qué quiere decir esto? Quiere decir que Dios se encuentra por completo en Cristo. Calvino dijo en su comentario a Colosenses: «Quien no se contenta con Cristo solo, desea algo mejor y más excelente que Dios».[6] ¡Como si eso fuera posible! No hay nada mejor y más excelente que Dios. Aun así, muchísimas veces buscamos encontrar en otros la plenitud que solo podemos encontrar en Cristo y, por consiguiente, en el Padre, porque «el que confiesa al Hijo tiene también al Padre» (1 Juan 2:23).

Buscar en otros la plenitud es una muestra de que tememos a las personas y ponemos nuestra confianza en ellas. Sin embargo, nos hemos equivocado. No necesitamos a las personas para hallar plenitud. Desde la caída, Cristo es nuestra principal

---

6. https://biblehub.com/commentaries/calvin/colossians/2.htm.

necesidad porque necesitamos que nuestros pecados sean perdonados para poder ser reconciliadas con Dios.

Porque si cuando éramos enemigos fuimos reconciliados con Dios por la muerte de Su Hijo, mucho más, habiendo sido reconciliados, seremos salvos por Su vida. Y no solo *esto*, sino que también nos gloriamos en Dios por medio de nuestro Señor Jesucristo, por quien ahora hemos recibido la reconciliación (Romanos 5:10-11).

· · · ·

Desde la caída, Cristo es nuestra principal necesidad porque necesitamos que nuestros pecados sean perdonados para poder ser reconciliadas con Dios.

· · · ·

Es Cristo quien nos ha reconciliado con el Padre y quien nos da vida nueva y eterna. Todo lo que pudiéramos buscar en las personas como una necesidad para nuestra vida, lo obtenemos de Cristo, pero de manera perfecta, sublime y sin mancha. Estamos completas en Él por su obra perfecta en la cruz del calvario.

Paty Namnún, en su libro *Completas en Él*, nos recuerda que:

El viejo hombre, aquello que éramos antes de nuestra conversión, ha sido crucificado en Cristo. Esta es la plenitud que hemos recibido de Él: porque hemos sido crucificadas en Cristo podemos vivir en plenitud, libres del dominio del pecado. En este mundo, en el que todos están buscando la plenitud, los creyentes son los únicos que pueden tenerla de manera genuina.[7]

---

7. Patricia Namnún, *Completas en Él* (Nashville, TN: B&H Español, 2019), p. 39.

Todas las mujeres que, en algún momento de nuestra vida, hemos temido a las personas al poner nuestra confianza en ellas, o las hemos necesitado para sentirnos plenas, podemos hacerle frente a ese temor por la plenitud que tenemos en Cristo. Solo en Cristo podemos estar plenas y completas, y ser libres del pecado y de los temores que aquejan nuestra vida.

Cada vez que estemos sedientas de aprobación y nos veamos tentadas a necesitar de otros para estar plenas, recordemos que escrito está que en Cristo tenemos *todo* para vivir la vida en plenitud (Salmos 16:11; 2 Pedro 1:3) por medio del Espíritu Santo que vive y obra en nosotras. ¡Estamos completas en Él! ¡Vivamos en plenitud!

Somos aceptadas

Uno de los temores más comunes es el temor al rechazo. Somos esclavas del temor a ser rechazadas cuando buscamos con desesperación ser aprobadas por los demás, ser validadas, reconocidas o sabernos amadas. Pero sucede algo un tanto irónico y es que, cuanto más buscamos la aprobación de los demás, nuestro temor al rechazo aumenta. Es decir, pensamos que, al ser validadas por los demás, automáticamente seremos aprobadas, pero la realidad es que, al estar tan sedientas de aprobación, cualquier respuesta que recibamos la consideraremos rechazo.

Ser rechazadas por otras personas suele dañarnos en la medida que lo permitimos, porque si bien no somos responsables de los pecados que otros cometen contra nosotras, sí lo somos de la respuesta que tengamos ante esos pecados. El rechazo está mal, lo sabemos. Es algo con lo que muchas mujeres luchan a lo largo de sus vidas y afecta considerablemente su calidad de vida y su forma de relacionarse con los demás.

La aprobación de los demás es efímera e irreal, y puede ser dañina a nuestros corazones sedientos de aprobación. Por eso, cuando ese temor se hace presente en nosotras, no pensamos que los que nos están rechazando están mal, solemos pensar que somos nosotras quienes debemos estar defectuosas. El temor al rechazo nos ciega a quiénes somos en Cristo y nos conduce a buscar continuamente a alguien que nos acepte.

Nuestra sed de aprobación y el temor al rechazo nos hacen depender de otras personas para ser las mujeres que quisiéramos ser, las que hemos idealizado o soñado. Desconocemos nuestra verdadera identidad, pero sí sabemos quiénes nos gustaría ser. Así que buscamos a otros que nos definan y les damos autoridad y poder para que decidan quiénes somos y en lo que somos buenas.

Por eso, aunque no seamos buenas en lo que quisiéramos ser, nos rodearemos de aquellos que nos digan lo que queremos escuchar. Muy en el fondo sabemos lo que no somos y conocemos nuestros límites, pero nos negamos a aceptarlo. Mientras tanto, nos cuesta aceptar lo que sí somos y en lo que sí somos buenas, porque nos sentimos aceptadas, validadas y aprobadas por otros.

Sin embargo, Dios, en su gracia y amor, nos ha dado el evangelio. El evangelio también son buenas noticias para un alma sedienta de aprobación y temerosa al rechazo. Necesitamos ayuda, y esta ayuda no vendrá de otros seres creados quienes probablemente estén luchando con lo mismo que nosotras. Entonces, ¿dónde está nuestro socorro? ¿De dónde proviene nuestra ayuda?

> Nuestra sed de aprobación y el temor al rechazo nos hacen depender de otras personas para ser las mujeres que quisiéramos ser.

Nuestra ayuda viene del Dios que nos ha llamado hijas. Él nos ha justificado, nos ha amado con amor eterno, nos ha perdonado y nos ha creado para la gloria de su Nombre, para que encontremos plenitud y gozo en Él. Cuando tememos al rechazo y tenemos sed de aprobación, nos estamos centrando demasiado en nosotras mismas en lugar de centrarnos en Dios, quien dice con toda seguridad y realidad quiénes somos. Estimamos más nuestra percepción de quiénes somos y lo que otros dicen de nosotras, que lo que Dios dice que somos.

Cuando esto sucede, buscamos ser y hacer para ser vistas y aprobadas por aquellos a quienes les hemos dado esa capacidad para moldear quiénes somos. ¡Es una trampa peligrosa! Estaremos pendientes de lo que dicen de nosotras y de cómo reaccionan frente a nosotras. Seremos estudiosas de las palabras que nos dicen y cautelosas en la forma de conducirnos con ellos para no errar y dejar de ser aprobadas. ¡Qué terrible y qué miserable es vivir dependiendo de la aprobación de los demás!

> *Cuando tememos al rechazo y tenemos sed de aprobación, nos estamos centrando demasiado en nosotras mismas en lugar de centrarnos en Dios.*

¿Sabes a quiénes nos parecemos cuando buscamos con desesperación ser vistas y aprobadas por otros? Por increíble que parezca, nos parecemos a los escribas y fariseos:

Sino que *hacen todas sus obras para ser vistos por los hombres*; pues agrandan sus filacterias y alargan los adornos *de sus mantos. Aman el lugar de honor en los banquetes y los primeros asientos en las sinagogas, y los saludos respetuosos en las plazas* y ser llamados por los hombres Rabí (Mateo 23:5-7, cursivas añadidas).

Sin embargo, no fuimos llamadas ni creadas para buscar la aprobación de nadie, ni tampoco para ser validadas, vistas y alabadas por otros. Somos todos seres humanos creados con el mismo valor y la misma dignidad al ser portadores de la imagen de Dios. No somos dioses. Ningún ser humano tiene la autoridad para dar valor superior a alguien, solo Dios puede hacerlo.

Lo único que demuestra el buscar continuamente la aprobación de otros es que le damos un valor superior a la alabanza que obtenemos de las personas y que tenemos un vacío enorme por no saber quiénes somos en Cristo. Él es nuestra identidad y quien da significado a nuestra vida. Nos ha hecho aceptas y nos ha dado la aprobación delante del Padre. Nuestro valor viene de Cristo y mostramos a Él con nuestras obras diarias. ¡Anunciamos a Él!

Este conocimiento de Cristo y estas verdades nos fortalecerán para hacer frente al temor al rechazo de las personas. Dejaremos de buscar su aprobación, porque sabemos quiénes somos en Él y podremos decir sin temor alguno:

Escucha, oh Señor, mi voz cuando clamo; ten piedad de mí, y respóndeme. *Cuando dijiste*: «Busquen Mi rostro», mi corazón te respondió: «Tu rostro, Señor, buscaré». No escondas Tu rostro de mí; no rechaces con ira a Tu siervo; Tú has sido mi ayuda. No me abandones ni me desampares, oh Dios de mi salvación. Porque *aunque* mi padre y mi madre me hayan abandonado, el Señor me recogerá (Salmos 27:7-10).

Debemos recordar que *somos aceptadas por Dios* por medio de Cristo. Él no nos rechaza. Tenemos la puerta abierta y podemos entrar confiadamente al trono de la gracia (Hebreos 4:16) en cualquier momento. Estemos firmes y seguras de que nuestro valor nos lo da Dios. Él nos creó a su imagen, para su gloria y para que nosotras lo glorifiquemos a Él. No necesitamos la aprobación de nadie cuando el Dios que nos aceptó está con nosotras y es nuestro Padre Eterno.

Además...

Puede ser que al leer todo esto llegues a sentirte un tanto abrumada y pienses que son demasiadas cosas para recordar todos los días justo en el momento indicado. Pero hay otra muy buena noticia para nosotras y es indispensable que la recordemos: el mismo Espíritu que resucitó a Cristo de entre los muertos habita en nosotras (Romanos 8:11), fuimos selladas por Él (Efesios 1:13), le pertenecemos y es Él de quien Cristo habló diciendo: «Pero Yo les digo la verdad: les conviene que Yo me vaya; porque si no me voy, el Consolador no vendrá a ustedes; pero si me voy, se lo enviaré» (Juan 16:7).

Cristo se fue, pero nos envió al dulce Espíritu Santo, quien está en nosotras y nos consuela, ayuda y aconseja. ¿Cómo lo podemos recibir? ¿Necesitamos hacer algo para que venga y habite en nosotras? En realidad, el Espíritu Santo nos ha sido dado por el Padre cuando confesamos nuestra fe en Cristo Jesús. En ese momento comenzó a habitar en nosotras y fuimos selladas por Él como posesión de Dios. Además, Él nos acompañará durante toda nuestra vida; nunca nos dejará. Efesios 1:13 nos dice: «En Él también ustedes, después de escuchar el mensaje de la verdad, el evangelio de su salvación, y habiendo creído, fueron sellados en Él con el Espíritu Santo de la promesa».

Él es nuestra ayuda. Jesús le llamó «Consolador». ¿Qué significa esto? Justin Burkholder en su libro *¡Quiero cambiar!*, dice lo siguiente:

La palabra [Consolador] que usa Jesús da a entender que es una ayuda que ha sido enviada a la par nuestra, para caminar con nosotros. Le decimos Consolador porque Él nos consuela en el sentido de que alivia la carga que tenemos. ¡Él nos ayuda a llevarla! En otros pasajes la palabra se traduce *abogado*, lo que implica que es alguien que nos protege y defiende. Aun en otras versiones se traduce *consejero*, lo que significa que nos da sabiduría y nos ayuda a entender la vida correctamente [...] El Espíritu Santo entonces está en nosotros como nuestra ayuda.[8]

¡Gracias a Dios por Cristo y su Santo Espíritu! Nosotras no podemos vencer el pecado en nuestras propias fuerzas, ni por nuestra propia voluntad. Tampoco podemos dejar de temer a las personas de la noche a la mañana porque decidimos dejar de hacerlo. Puede ser que funcione un día o varios si lo intentamos. Sin embargo, no es un cambio perdurable.

Nosotras no podemos en nuestras propias fuerzas recordar todos los días a quién pertenecemos, a quién debemos agradar. No podemos permanecer en Él y perseverar en Él por nosotras mismas. Necesitamos la ayuda del Espíritu Santo que nos recuerda que somos amadas, justificadas, adoptadas como hijas, que estamos completas en Cristo, somos aceptadas y hemos sido selladas con el Espíritu Santo.

Necesitamos que el Espíritu Santo nos convenza de pecado (Juan 16:8) cuando tememos a las personas más de lo que tememos a Dios y cuando valoramos más el amor que recibimos de otros, que el amor que recibimos de Dios. Necesitamos el Espíritu Santo para recordar que somos hijas y que, al estar unidas en Cristo, tenemos todo cuanto concierne a la vida y a la piedad y estamos completas en Él. Lo necesitamos para recordarnos una y otra vez que, aun cuando hemos sido rechazadas en múltiples ocasiones, hemos sido totalmente aceptadas por Dios, porque Cristo, el Justo fue rechazado para que nosotras pudiéramos ser aceptadas en su lugar.

Necesitamos al Espíritu Santo para pedir perdón a Dios por las veces que hemos temido a otros más que a Él, amándolos

---

8. Justin Burkholder, *¡Quiero cambiar!* (Nashville, TN: B&H Español, 2020), p. 68.

más que a Él, o cuando hemos temido a las personas por causa de nuestro orgullo o por tener necesidades equivocadas. Pero también necesitamos al Espíritu Santo para perdonar a todos aquellos que nos han lastimado física o emocionalmente, aquellos que nos han expuesto ante otros, aquellos que nos han rechazado y todos aquellos que se han aprovechado de nuestro temor a las personas.

Por último, Cristo habita en nosotras por medio del Espíritu Santo (Juan 14:23). «Si Cristo habita en nosotros por Su Espíritu de manera que nosotros estamos unidos a Él —casados con Él, por así decirlo— entonces nuestros propios cuerpos son de Él (1 Corintios 6:12-17). Nuestros ojos y lo que vemos, nuestros labios y lo que decimos, nuestras manos y lo que tocamos, nuestros pies y a dónde vamos —todo esto es suyo».[9] Entonces, ¿estamos amando a Dios lo suficiente? ¿Cómo transforma su Santo Espíritu el temor a las personas en temor de Dios? Ven, acompáñame a conocer un mejor temor, un temor que vale la pena experimentar.

---

9. Sinclair B. Ferguson, *Solo en Cristo, una vida centrada en el evangelio* (Medellín: Poiema Publicaciones, 2016), p. 122.

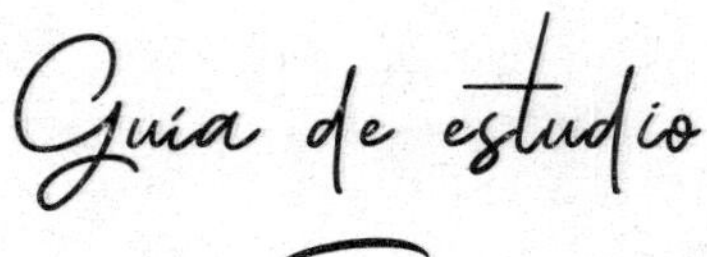

Capítulo 5: La identidad que vence el temor

Saber quiénes somos en Cristo, siempre es de ánimo a nuestros corazones que pueden estar temerosos y sedientos de aprobación. Saber que Dios cumple su voluntad en nosotras, con nosotras y a pesar de nosotras, nos da esperanza de que la obra que comenzó en nosotras la terminará el día de Cristo (Filipenses 1:6).

1. A la luz de la Palabra de Dios en Génesis 1:26-27, ¿cómo respondes a la pregunta «¿Quién eres?»? De acuerdo con esa porción bíblica, ¿qué nos diferencia a hombres y mujeres de los demás seres creados?

   ____

   ____

   ____

   ____

2. De acuerdo con Efesios 1:3-13, ¿quién eres en Cristo? ¿Cuál es la identidad que has recibido de Él?

   ____

   ____

   ____

   ____

3. Saber quién eres en Cristo, ¿cómo te ayuda a enfrentar el temor a las personas en tu búsqueda de aprobación?

____

____

____

____

4. Lee 1 Juan 4:10-19. ¿Cómo cambia tu forma de amar a las personas el saber cuánto te ama Dios?

____

____

____

____

5. En Cristo, ahora eres declarada inocente de todo pecado. El saber esto, ¿cómo te ayuda a amar y perdonar a aquellos que te han lastimado? Lee Colosenses 3:12-14.

____

____

____

____

6. ¿Cómo el hecho de saber que eres hija de Dios te ayuda a hacerle frente al temor a las personas? ¿Cómo te ayuda a ver a otros como portadores de la imagen de Dios (Génesis 1:26-27) y no como enemigos tuyos? Lee Gálatas 3:26-28.

____

____

____

7. ¿Cómo saber quién eres en Cristo sacia tu sed de aprobación?
   Lee Colosenses 2:9-10 y responde:

   a. ¿Cómo ves a Dios en esta porción bíblica?

   ____

   ____

   ____

   ____

   b. ¿Cómo está actuando Cristo en ti?

   ____

   ____

   ____

   ____

   c. ¿Cómo respondes a esa verdad?

   ____

   ____

   ____

   ____

8. Después de leer este capítulo, ¿cómo puedes ver al Espíritu
   Santo transformar el temor a las personas en temor de Dios?
   ¿Cómo lo has experimentado tú?

   ____

   ____

   ____

   ____

Capítulo 6

Vence el temor un día a la vez

Dios es más glorificado en ti cuando encuentras mayor satisfacción en Él.

John Piper[1]

COMENCÉ ESTE LIBRO planteando que los seres humanos solemos temer a las personas más de lo que tememos a Dios, ya desde el principio de la humanidad cuando el pecado entró en escena en Génesis 3. Si hacemos cuentas del tiempo que ha transcurrido desde el momento en que la serpiente habló con Eva y entró el temor, seguramente nos desanimaremos pensando que entonces es imposible vencerlo. Pero te traigo una buena noticia, pues no necesitamos vencerlo, sino temer a Alguien mayor para poder ser libres completamente.

Necesitamos temer a Dios. No ese miedo que nos hace alejarnos, huir de Él y escondernos, sino el temor que nos lleva a amar, reverenciar y honrar a Dios. Es un temor que nos acerca a Él porque lo conocemos, porque hemos conocido su carácter y quién es Él. Por supuesto, no lo conoceremos en su totalidad, pero aun así, con lo que Dios se ha revelado a sus hijos por medio de Cristo

---

1. John Piper, *Asombrados por Dios* (Nashville, TN: B&H Español, 2019), p. 47.

(Juan 14:9-10) y por medio de su Palabra (Juan 5:39), nos hace acercarnos confiadamente a Él.

Albert N. Martin nos define de la siguiente manera el temor de Dios en su libro *El temor olvidado*. Martin dice:

> … el temor de Dios, que es el alma de la piedad, es un temor que consiste en sobrecogimiento, reverencia y honor, y todas esas cosas en una profunda medida de Su ejercicio. *Es la reacción de nuestras mentes y almas a la visión de Dios en Su majestad y santidad.*[2]

Cuando conocemos a Dios reaccionamos con reverencia, con honor. Temer a Dios es conocerle, es amarle, es maravillarnos de Él, de su creación, de su carácter, de su amor… Temer a Dios es saber que nos ha amado y que, al amarnos, nos ha hecho hijas, y al hacernos hijas, también ha puesto su temor en nosotras para que no nos apartemos de Él (Jeremías 32:40). Temer a Dios nos ayuda a vencer todos los temores que, en algún momento, nos tenían esclavizadas, porque conoceremos al Dios que nos ha hecho totalmente libres, incluso del temor a las personas. Es un temor que demuestra respeto, que honra, un temor que nace del amor, un temor que nos acerca porque le conocemos.

> *Temer a Dios nos ayuda a vencer todos los temores que, en algún momento, nos tenían esclavizadas.*

Conocer a Dios nos lleva a amarle, temerle y deleitarnos en Él en oración, adoración y en la comunidad de los creyentes. Esto nos ayudará a vencer el temor a las personas, un día a la vez, porque veremos que Él es suficiente y digno de temer.

---

2. Albert N. Martin, *El temor olvidado* (North Bergen, NJ: Publicaciones Aquila, 2015), p. 58; cursivas añadidas.

Conoce a Dios

En la vida diaria conocemos a personas que se cruzan con nosotras continuamente. Puede ser que de manera cotidiana las saludemos y, en ocasiones, conversemos con ellas de aspectos superficiales para después seguir nuestro camino. Conocemos a estas personas, pero es probable que no sepamos sus nombres ni dónde estudian sus hijos, aunque hayamos hablado alguna vez acerca del trabajo o de lo que haríamos para la cena. Más allá de eso, no hay una relación estrecha, no hay mucha confianza y no compartimos tiempo ni vida con ellos.

Siguiendo este mismo orden de ideas podemos decir entonces que no todos los que conocen a Dios lo conocen realmente. Sin una relación cercana e íntima con Él, solo le conoceremos de oídas, sabremos de Él por lo poco que hemos conocido al leer en alguna ocasión la Biblia o al escuchar algún sermón. Si conocemos a Dios de manera superficial, entonces le temeremos de manera incorrecta; le tendremos miedo: ese miedo que nos hace huir y que no es un temor reverente.

A las personas las conocemos porque se han cruzado en nuestro camino o porque alguien más nos las presenta y, poco a poco, vamos abriéndonos y ganando confianza unos con otros. Podemos crear lazos de amistad y lealtad, aunque es necesario mencionar que esas relaciones no son perfectas, pues están manchadas con el pecado de cada persona. Derivado de eso, en ocasiones se presentarán conflictos y desacuerdos, incluso pleitos que podrían terminar la relación. Todo esto sucede aun cuando pareciera que nos conocemos muy bien.

Con Dios no sucede así. La forma en la que le conocemos y nos relacionamos con Él es diferente. No le conocemos por casualidad, y nuestra relación no está manchada por el pecado. Dios fue quien planeó y llevó a cabo nuestra salvación para que pudiéramos acercarnos a Él y conocerle.

Me encanta cómo Kevin DeYoung, en su libro *Una grieta en tu santidad*, describe este proceso. DeYoung dice:

¿Por qué Dios te salvó?

No es una pregunta mala si lo piensas. Después de todo, estabas muerto en tus pecados y transgresiones (Efesios 2:1). Como descendientes del primer hombre, Adán, compartes la culpa y la corrupción, el primer pecado (Romanos 5:12-21). Eras un enemigo de Dios (v. 10), un pecador dado a luz en la iniquidad (Salmos 51:5), mereces la ira por naturaleza (Efesios 2:3). Eras un pecador que pecaba y merecía morir (Romanos 6:23). Pero aquí están las buenas nuevas para todo cristiano que lee este libro: la Biblia dice que, en el tiempo correcto, Jesucristo murió por ti (Romanos 5:8). El Buen Pastor entregó la vida por las ovejas (Juan 10:15). Jesús bebió la copa de ira de Dios por ti (ver Marcos 10:45). Su muerte en la cruz significa que ahora Dios es por ti y no contra ti (Romanos 3:25; 8:31-39). Por medio de la fe y a través de la vida, muerte y resurrección de Cristo, eres un hijo reconciliado, justificado y adoptado por Dios. ¡Qué buenas noticias![3]

¡Sí, son buenas noticias! Puedes voltear al pasado y darte cuenta de que, gracias a Dios, por la obra de Cristo, ya no eres lo que antes eras, ya no vives como antes vivías. Eso es porque Él, en su gracia y bondad, nos ha reconciliado con Él y ahora podemos acercarnos con confianza al trono de la gracia (Hebreos 4:16) y conocerle, deleitarnos en Él y admirarlo en todo su esplendor. No tuvimos que hacer nada más que presentarle nuestros pecados y creer en fe que hemos sido perdonadas por Cristo.

---

3. Kevin DeYoung, *Una grieta en tu santidad* (Buenos Aires: Editorial Peniel, 2012), pp. 29-30.

El apóstol Pablo nos dice en 2 Corintios 5:18: «Y todo esto procede de Dios, quien nos reconcilió con Él mismo por medio de Cristo…». Dios proveyó por gracia, por medio de Cristo, la manera de quitar nuestros pecados, que cometemos contra Dios, para que podamos acercarnos a Él y conocerle.

Ya que Cristo abrió el camino para que conozcamos al Padre, la principal forma de conocer a Dios es por medio de su Palabra. El pastor y teólogo J. I. Packer, en su maravilloso libro *El conocimiento del Dios Santo*, dice lo siguiente:

Conocer, cuando se emplea con respecto a Dios de esta manera, es un vocablo que expresa gracia soberana, que indica que el Señor tomó la iniciativa de amar, elegir, redimir, llamar y preservar. […] Lo que ocurre es que el omnipotente Creador, Señor de los ejércitos, el gran Dios ante quien las naciones son como una gota en un balde, se [nos] acerca [a nosotras] y comienza a hablar[nos] por medio de las palabras y las verdades de las Sagradas Escrituras.[4]

¿No es esta otra gran noticia? Conforme vayamos leyendo la Palabra de Dios, más le conoceremos y, por supuesto, más le amaremos, porque «Cuanto más vivamos conscientes de las buenas nuevas, más veremos la profundidad y el alcance de la gracia de Dios por nosotras en Cristo. Nuestra respuesta natural ante la vida será de asombro, gratitud y amor».[5] En otras palabras, anhelaremos conocerle más.

Si Dios se acerca a nosotras y nos habla por medio de su Palabra, entonces debemos ser conscientes de que en cada página de la Biblia conoceremos algo del carácter de Dios. Necesitamos leerla con un corazón dispuesto a conocer más a nuestro Señor y orar

---

4. J. I. Packer, *El conocimiento del Dios Santo* (Miami, FL: Editorial Vida, 2006), pp. 53, 46.

5. Christina Fox, *Un temor santo* (Grand Rapids, MI: Editorial Portavoz, 2021), p. 103.

como el salmista cuando dice: «Favorece a Tu siervo, *para que* viva y guarde Tu palabra. Abre mis ojos, para que vea las maravillas de Tu ley» (Salmos 119:17-18).

Toda la Biblia, de principio a fin, es útil y eficaz para toda nuestra vida. Desde nuestra niñez y hasta el día que bajemos al sepulcro, la necesitamos porque nunca terminaremos de conocer a Dios. Sin embargo, sí podemos crecer en amor y temor de Él para vivir una vida que le dé honra y gloria, una vida que muestre el evangelio y la belleza de Dios a todos los que nos rodean, para que anhelen conocerle también.

Teme a Dios

Conocer a Dios nos ayuda a acercarnos a Él sin miedo a ser rechazadas, evidenciadas o lastimadas, sin temor a mostrarnos tal como somos y sin trabajar arduamente en hacer obras para ser aprobadas por Él. Nuestro entendimiento, nuestra visión acerca del temor de Dios, va a determinar la manera en que nos relacionamos con Él, pero también con las demás personas. Es importante recordar que cuanto más conozcamos a Dios y su carácter, y crezcamos en el temor de Él, más disminuirá el temor que experimentamos hacia las personas. Necesitamos crecer en el temor de Dios.

La Palabra de Dios en Eclesiastés 12:13 nos dice que temer a Dios y guardar sus mandamientos *concierne a toda persona*. Sin embargo, he pensado que en muchas ocasiones hemos dicho que tememos a Dios y, aunque lo hemos creído de verdad, quizá no entendemos con profundidad lo que eso significa.

> Nuestra visión acerca del temor de Dios va a determinar la manera en que nos relacionamos con Él, pero también con las demás personas.

Entonces, al no entenderlo bien, nuestras actitudes o nuestra forma de vida no evidencian que tememos a Dios, porque no sabemos qué significa realmente. No nos acercamos a Él porque lo vemos como un Padre que está lejano o un Dios inalcanzable que siempre está airado, y nos provoca miedo en lugar de un temor reverente.

Conocer a Dios debe llevarnos a amarle y a temerle, pero es un temor santo y reverente que nos hace anhelar estar más cerca de Él, porque fue Él quien sembró esa semilla en nuestros corazones para acercarnos a Él. Temer a Dios es una obra de gracia de Él mismo hacia nosotras. Él dijo:

. . . .

Temer a Dios es una obra de gracia de Él mismo hacia nosotras.

. . . .

Ellos serán Mi pueblo, y Yo seré su Dios; y les daré un solo corazón y un solo camino, para que me teman siempre, para bien de ellos y de sus hijos después de ellos. Haré con ellos un pacto eterno, de que Yo no me apartaré de ellos para hacerles bien, e *infundiré Mi temor en sus corazones para que no se aparten de Mí*. Me regocijaré en ellos haciéndoles bien, y ciertamente los plantaré en esta tierra, con todo Mi corazón y con toda Mi alma (Jeremías 32:38-41, cursivas añadidas).

Todo viene de parte de Dios. ¡Todo es por gracia! Incluso el temor que podamos tener de Él es por gracia, porque Él nos eligió para que seamos su pueblo, y Él nuestro Dios. También nos adoptó para que seamos sus hijas, y Él nuestro Padre.

Al leer esta porción de Jeremías podemos ver que Dios promete una relación personal y cercana con su pueblo. Él nos ha dado un nuevo corazón para temerle, un corazón que ya no buscará sus propios intereses, sino los de Él: nuestro Dios, nuestro Padre.

Dios prometió darnos un corazón nuevo. Nos transforma desde nuestro interior y nos da un corazón que lo anhele, que quiera estar a sus pies para amarle y adorarle por siempre. Esta promesa será de beneficio para las siguientes generaciones, porque, ¿te imaginas cómo sería la vida actual y futura de nuestros hijos, sobrinos, nietos, si acaso en nosotras no hubiera temor de Dios? ¿Cómo viviríamos si estuviéramos lejos de Dios? ¿Cómo criaríamos a nuestros hijos sin el temor de Dios? ¿Cómo viviríamos en nuestro entorno y esfera de influencia si el temor de Dios no estuviera en nuestros corazones? Pero Dios en su bondad ha puesto su temor en nuestros corazones, solo por su gracia, por eterno amor.

Debemos estar agradecidas porque sus promesas son reales, pero aún más agradecidas porque hizo con nosotras un pacto eterno (Jeremías 32:40); ¡no solo nuevo, sino eterno! No se quitará, no se anulará ni se olvidará; es eterno. Su temor permanecerá en nuestros corazones por siempre y Dios nos asegura que jamás se apartará de nosotras. Eso es un aliento a nuestro corazón, porque conociendo nuestra tendencia a alejarnos de Él, a causa de nuestro pecado, Él mismo ha infundido su temor en nuestros corazones para atraernos a Él otra vez y las veces que sean necesarias.

> *Él mismo ha infundido su temor en nuestros corazones para atraernos a Él otra vez y las veces que sean necesarias.*

Cuando nos sentimos perdidas estamos en un buen lugar para ser encontradas por Él, porque por el temor que puso en nuestros corazones nos recordará quién es Él, quiénes somos en Cristo y lo que hizo por nosotras. El Espíritu Santo que mora en nosotras nos recordará el amor eterno de Dios y que Él es nuestro Padre bueno, y ese temor santo nos atraerá a Él nuevamente.

Esto podría parecer muy sencillo de obtener, y lo es, porque cuando conocemos y tememos a Dios, y nos atrae a Él, podemos ver y experimentar que su carácter no es como el que percibíamos cuando éramos sus enemigas. En lugar de juicio, Él se regocijará haciéndonos bien. Me encanta lo que Spurgeon predicó en una ocasión acerca del temor de Dios:

El temor del Señor trae una fuerte confianza, pero ¿por qué? Pues porque los que temen a Dios saben que Dios los ama infinitamente, que es inmutable, que es inescrutablemente sabio y omnipotentemente fuerte a favor de ellos. ¿Cómo pueden dejar de tener confianza en un Dios así? Luego saben que se ha hecho una expiación completa por sus pecados. Jesús soportó la ira de Dios por ellos: ¿cómo pueden dejar de tener confianza? Saben que este mismo Jesús ha resucitado de entre los muertos y vive para interceder por ellos, y en sus oídos pueden oír la súplica todopoderosa de Jesús hablando siempre a su favor.[6]

¡Qué gran regalo hemos recibido de parte de Dios! Podemos decir con total seguridad lo mismo que dijo el salmista: «Bienaventurado todo aquel que teme al Señor, que anda en Sus caminos» (Salmos 128:1). Crezcamos en el temor de Dios conociéndolo más por medio de su Palabra, pero también al deleitarnos en Él.

Deléitate en Dios

Uno de los primeros versículos que memoricé, cuando recién comencé mi caminar con Cristo, viene del libro de los Salmos:

Una cosa he pedido al Señor, y esa buscaré: que habite yo en la casa del Señor todos los días de mi vida, para

---

6. Charles Spurgeon, sermón 1.290, https://biblebb.com/files/spurgeon/1290.htm.

contemplar la hermosura del SEÑOR y para meditar en Su templo (Salmos 27:4).

Estarás de acuerdo conmigo que, al conocer a Dios, cuando te adentras en su Palabra y le vas conociendo más y más, el tiempo parece que no avanza. Te encuentras en un lugar con la Persona que más te ha amado, a quien estás empezando a amar y en quien te deleitas, y no quisieras que esos momentos terminaran. El primer amor que menciona Jesucristo en Apocalipsis 2:4, el que recibimos de parte de Dios primeramente como nos lo dice 1 Juan 4:19, es ese amor que nos envuelve, que nos sacia y nos llena.

El amor de Dios nos lleva a deleitarnos en Él en todo momento. ¿Por qué? Porque experimentamos ese amor conscientes de que Dios nos ha amado a pesar de todo, incluso a pesar de nosotras mismas. Es un amor incondicional que recibimos no porque seamos buenas o porque lo merezcamos, no por «hacer algo para merecerlo», sino porque Él decidió amarnos y atraernos a Él por el puro afecto de su voluntad.

• • • •

El amor de Dios nos lleva a deleitarnos en Él en todo momento.

• • • •

Cuando experimentamos su amor podemos decir como el salmista: «Solo una cosa quiero: habitar en tu casa, contemplar tu hermosura para meditar en tu templo» (paráfrasis de Salmos 27:4). No necesitamos más. Sin embargo, con el paso del tiempo, muchas de nosotras, hijas de Dios que han crecido en el conocimiento de Dios, notamos que la alegría, la emoción y el deleite en Él, que experimentamos cuando le conocimos, va menguando. No quiero decir que dejemos de amarle, sino que pareciera que, al irnos «acostumbrando» a vivir la nueva vida en Cristo, también nos vamos acostumbrando a saber que Dios está con nosotras y, poco a poco, vamos perdiendo el deleite en Él. Esto nos lleva a experimentar una sequedad en el alma, un vacío.

Al perder el deleite en Dios y experimentar esa sequía, nos sentimos perdidas y no sabemos hacia dónde ir, lo que nos va secando más. Soy consciente de que, al estar sedientas y secas, seguramente también estaremos sin fuerzas para salir y buscar agua que nos sacie la sed y nos devuelva la vida plena. También sé que, en un gran número de ocasiones, esa sequedad es a causa del temor a las personas y no a Dios.

Cuando sentimos que no cumplimos estándares o expectativas, cuando tememos a ser lastimadas o heridas, o cuando experimentamos el rechazo de todos aquellos de los que quisiéramos recibir afecto, también experimentamos la sequedad del alma. Olvidamos que es a Dios a quien debemos temer, en quien encontramos plenitud y quien sacia nuestra sed. En consecuencia, buscamos saciarla en el sitio incorrecto, donde nos será difícil poder deleitarnos en Dios para recibir esa agua que nos sacie nuevamente. Allí acabaremos perdidas, sedientas, confundidas y desesperadas por saciar nuestra sed.

> No se trata de lo que nosotras podamos hacer, sino de Cristo, el agua viva que vino para saciar nuestra sed.

Si has estado en ese lugar, sabes a lo que me refiero. Si bien sabemos dónde está la salida, no encontramos el camino para llegar allí. En nuestra desesperación nos perdemos más, corremos en círculos, pasamos de largo el camino indicado, seguimos nuestro instinto y fallamos una y otra vez.

Sin embargo, la buena noticia del evangelio es que alguien más ya lo hizo por nosotras. Alguien más ya trazó el camino angosto que debemos transitar para encontrar la salida. Alguien más no solo nos muestra hacia dónde ir, sino que nos conduce a la fuente y sacia nuestra sed. Nosotras no tenemos que salir con desesperación y sin rumbo a «cavar pozos» para encontrar el agua que sacie nuestra sed y quite de nosotras la sequía del alma. No se trata de lo que nosotras podamos hacer, sino de Cristo, el agua viva que vino para saciar nuestra sed (Juan 4:14) a ese lugar donde nos sentimos perdidas.

El rey David en uno de los salmos dijo:

Oh Dios, Tú eres mi Dios; te buscaré con afán. Mi alma tiene sed de Ti, mi carne te anhela cual tierra seca y árida donde no hay agua. Así te contemplaba en el santuario, para ver Tu poder y Tu gloria. Porque Tu misericordia es mejor que la vida, mis labios te alabarán (Salmos 63:1-3).

El rey David escribió este salmo mientras estaba en el desierto de Judá probablemente huyendo de su hijo Absalón (2 Samuel 15). El rey expresa su gran amor por Dios, así como su confianza en Él en medio de las pruebas que estaba atravesando. Declara su necesidad de Dios como quien está sediento.

«¡Mi alma tiene sed de Ti, mi carne te anhela!». Un grito de alguien que ha encontrado en Dios su deleite, aun en medio de la sequía. ¿De qué forma se deleitaba en Dios? Juan Calvino en su comentario a este salmo dice lo siguiente:

[David] hace más que simplemente orar; pone al Señor delante de él como su Dios, para que pueda arrojar todas sus preocupaciones sin vacilar sobre Él, abandonado como estaba de los hombres, y un pobre marginado en el desierto desolado y aullador. Su fe, demostrada en esta persuasión del favor y la ayuda de Dios, tuvo el efecto de estimularlo a la oración constante y vehemente por la gracia que esperaba. Al decir que su alma tenía sed y su carne ansiaba, alude a la indigencia y pobreza en la que yacía en el desierto, e insinúa que, aunque privado de los medios ordinarios de subsistencia, consideraba a Dios como su alimento y su bebida, dirigiendo todos sus deseos hacia Él. Cuando él [David] representa su alma como sedienta y su carne como hambrienta, no debemos buscar ningún diseño agradable o sutil en la distinción. Simplemente quiere decir que deseaba a Dios, tanto con el alma como con el cuerpo.[7]

David encontraba su deleite y saciaba su sed por medio de la oración. Cuando oramos a Dios, estamos en su presencia derramándole nuestro corazón. Somos privilegiadas porque, además de tener el regalo de la oración que nos permite hablar directamente con nuestro Señor, podemos conocerle por medio de la Palabra, como mencioné anteriormente.

Nos deleitamos, pues, en su Palabra y, en respuesta a lo que hemos aprendido en ella, oramos. Dependemos de Él en oración, derramamos nuestro corazón y nos deleitamos aún más en la obra de Cristo. Al permanecer en Él, nuestra mente y corazón estarán rebosando del deleite en Él. Los temores y el miedo que podíamos experimentar se irán desvaneciendo poco a poco, porque creceremos en el temor de Dios. Ese temor nos hace deleitarnos en Él, afirma quiénes somos y nos recuerda el valor que tenemos.

No estamos solas

Conocer a Dios, temerle y deleitarnos en Él nos ayuda a vencer el temor a las personas, porque nos damos cuenta de que Él es el único que debe ser temido, es el único digno de nuestra adoración, y nuestra alma anhela estar cerca de Él. No hay nadie más grande, ni más maravilloso ni más digno de ser exaltado y puesto por encima de todo y todos, que el Dios Eterno.

Cuando vemos nuestros temores a la luz de la Palabra y los comparamos con el temor de Dios, nos damos cuenta de que hemos temido sin razón. Tal vez sean temores reales y válidos en muchos casos, pero no superiores al temor que debemos tener de Dios. Conforme crecemos en el conocimiento de Dios y en

____

7. https://biblehub.com/commentaries/calvin/psalms/63.htm..

su temor, nuestro temor a las personas irá disminuyendo, un día a la vez.

No obstante, no estamos solas en este andar. Nuestro Dios no nos ha dejado solas en esta tierra. Tenemos una gran familia en la fe con quienes caminamos juntos para crecer en Él, en su temor y en su amor. La obra de Cristo en la cruz nos dio una familia en Él: su Iglesia.

La Iglesia es la comunidad de personas que hemos creído en Cristo. Justin Burkholder, en su libro *¡Quiero cambiar!*, nos recuerda lo siguiente respecto a la Iglesia:

La Biblia enseña que estar unidos a Cristo por la fe es también estar unidos al cuerpo de Cristo, a la Iglesia, a la comunidad de los creyentes. No somos miembros los unos de los otros solo porque asistimos a la misma iglesia. Somos miembros los unos de los otros porque le pertenecemos a Cristo.[8]

Los creyentes en Cristo son miembros los unos de los otros (1 Corintios 12:12) colocados en una familia donde todos han sido perdonados de sus pecados y hechos nuevas criaturas. Todo nuestro pasado quedó atrás, ahora somos perfeccionadas un día a la vez, ¡y eso incluye dejar de temer a las personas!

La inmensa mayoría llegamos rotas a la familia de Dios, lastimadas, heridas por causa de nuestro pecado y por los pecados que otros cometieron contra nosotras. Nuestras relaciones personales también se han visto afectadas por causa del pecado. Y precisamente por las heridas ocasionadas por otros, puede que al principio no estemos tan seguras de querer contar con ayuda para crecer en el conocimiento de Dios, su temor y su amor, y así vencer el temor a las personas.

---

8. Justin Burkholder, *¡Quiero cambiar!* (Nashville, TN: B&H Español 2020), p. 147.

Sin embargo, necesitamos recordar que Dios es soberano. Él en su sabiduría ha puesto a todas y cada una de las personas con las que interactuamos. Ninguna ha sido por coincidencia; ninguna fue por error o equivocación de parte de Dios. Todas han sido perfectamente orquestadas por el Dios que sostiene el universo y que sabía a qué personas necesitábamos en nuestra vida. Incluso a aquellas con las que hemos tenido algún altercado, con quienes no hemos hecho buena amistad, los que nos generan conflicto, aquellas personas que nos lastimaron o hicieron daño; todas ellas Dios las permitió para que creciéramos en santidad, como lo vimos anteriormente, y para que nos pareciéramos más a su Hijo Jesucristo.

¿Por qué? ¿Cómo nos ayudan las personas a crecer en santidad? Nos ayudan a darnos cuenta de que no somos perfectas, de que aún luchamos con nuestro pecado y así podemos ver cuánto necesitamos a Cristo. Nos daremos cuenta de que seguramente necesitamos crecer en gracia, en paciencia, en amor, en ayudar a otros, en mostrar compasión y en consolar a otros. Podemos darnos cuenta de que, al estar buscando la aprobación de otros y al temer a las personas, hemos estado tan centradas en nosotras mismas y en lo que queremos lograr para agradar a los demás, que nos hemos olvidado del hermoso regalo que Dios nos ha dejado: la familia de la fe. Cuando nos olvidemos de eso, difícilmente disfrutaremos al cuerpo de Cristo, nuestra familia en la fe.

Nuevamente necesitamos recordar el evangelio y que no se trata de nosotras. Dios no nos dejó en este mundo a la deriva para que hagamos en nuestras fuerzas y con nuestros propios recursos el camino que nos lleva a Él. Tampoco nos dejó solas a nuestra suerte mientras avanzamos en el camino. No estamos solas. Dios en su bondad y gracia nos ha dado una familia a la que podemos recurrir siempre. Nos unió en un cuerpo para que podamos velar los unos por los otros y crecer juntos, pero no en nuestras fuerzas, sino por lo que Dios ha hecho por medio de Cristo. El apóstol

Pablo en Colosenses 2:19 nos lo recuerda al decir: «todo el cuerpo, nutrido y unido por las coyunturas y ligamentos, crece con un crecimiento *que es* de Dios».

Todo el cuerpo unido crece… No estamos solas. Tenemos una familia a la que recurrir en cualquier momento. Incluso cuando tememos a las personas o cuando sufrimos por esa causa, porque es utópico pensar que, en esta tierra corrompida, en este mundo roto, no pasaremos aflicciones ni sufriremos. Si como familia de la fe hemos entendido la importancia de pertenecer unos a otros, nos ayudaremos a crecer en el conocimiento que Dios ya preparó para nosotras en su Palabra a fin de crecer en el temor de Él y deleitarnos en Él. Así, juntos como familia, podremos vencer el temor a las personas, un día a la vez.

Fuimos creadas a la imagen de Dios. Fuimos llamadas a ser sus hijas, miembros de su familia, miembros los unos de los otros, todos los días, no solo los domingos. La iglesia es la comunidad de personas que han sido redimidas por Cristo y quienes están siendo transformadas a su imagen cada día. Por eso es necesario mencionar que no *vamos* a la iglesia, sino que *somos* la iglesia de Cristo; y esto se traduce en que la iglesia está dispersa en todo el mundo de lunes a domingo. Si Cristo nos unió en Él para crecer, esto no lo podremos lograr en un par de horas cada semana, sino de manera intencional, al buscar convivir con otras hermanas en lo cotidiano de nuestras vidas y hacer no solo amistades, sino familias que velan las unas por las otras.

Por medio del Espíritu Santo, nos está haciendo más parecidas a Jesucristo y eso incluye que nuestras relaciones crezcan, maduren y se fortalezcan en Él. Esto se verá reflejado en cómo nos amamos más los unos a los otros, cómo nos preocupamos más por el bienestar de los demás, cómo somos más transparentes en nuestras conversaciones y cómo estamos más comprometidas a formar lealtades y velar por las necesidades de los demás. Esto no será de la noche a la mañana, ni de manera perfecta, pero sí buscaremos ser más intencionales en que nuestras relaciones den fruto que glorifique a Dios dentro y fuera de la iglesia. No estamos solas. Dios ha sido muy bueno.

¿Cómo respondemos?

Sin duda necesitamos temer a alguien mayor. Los temores que experimentamos en nuestra vida no debieran ser mayores al temor que tenemos de Dios. Hemos visto lo bueno que es para nuestra alma y nuestra vida temer a Dios de manera correcta; pero también hemos conocido de viva voz y a través de los capítulos anteriores lo dañino que es temer a las personas.

Necesitamos crecer en el temor de Dios; es de vital importancia para nosotras. Pero no debemos olvidar que corremos el riesgo de temer a Dios de manera falsa, como lo hicieron en ocasiones los israelitas en la antigüedad. Ellos con frecuencia decían temer a Dios y demostraban que así era, pero tiempo después manifestaban que habían olvidado quién era Dios y se quejaban y murmuraban contra Él. Nosotras no somos tan diferentes a ellos. Solemos olvidar las bondades de Dios: el hecho de que nos haya elegido y atraído a Él, y que haya puesto su temor en nuestros corazones al darnos a Cristo. Solemos olvidar que el Dios del universo entero es nuestro Padre y nos llenamos de temores terrenales y banales. Finalmente, como los israelitas, nos quejamos, murmuramos y buscamos en las personas lo que ya hemos recibido en Cristo. Estamos completas en Él, pero solemos olvidarlo.

Mi esposo, cuando habla del evangelio con mis hijos, eventualmente menciona al pueblo de Israel después de que salieron de Egipto. Los israelitas por fin conocieron y vivieron en libertad. Sin embargo, algo incluso más maravilloso y glorioso para ellos era saber que Dios no los había olvidado. Dios envió a Moisés para rescatarlos en su Nombre. Ellos fueron testigos de las maravillas de Dios con sus propios ojos. Vieron las señales y los prodigios de nuestro gran Dios. Fueron testigos de las diez plagas y de cómo fueron resguardados y protegidos de ellas porque Dios era su guardador.

El Señor es tu guardador; el Señor es tu sombra a tu mano derecha. El sol no te herirá de día, ni la luna de noche. El Señor te protegerá de todo mal; Él guardará tu alma. El Señor guardará tu salida y tu entrada desde ahora y para siempre (Salmos 121:5-8).

Los israelitas fueron testigos de cómo los primogénitos de los egipcios morían mientras ellos eran resguardados (Éxodo 12:23). Vieron con sus propios ojos cómo se abrió el mar frente a ellos (Éxodo 14:21-22). Vieron al ejército egipcio ser derribado y consumido por el mar (Éxodo 14:27-28). Dios les había dado la victoria sobre sus enemigos, sobre quienes los esclavizaron, amedrentaron y lastimaron durante generaciones. El Dios del que sus padres les habían hablado se manifestó con poder delante de ellos, y ellos cantaron con gozo (Éxodo 15:1-18).

Sus corazones estaban agradecidos a Dios. Querían honrarlo con sus vidas. Lo reconocían y alababan, es decir, temían su Nombre, hasta que algo terrenal desviaba su mirada hacia lo que tenían a medias y volvían a quejarse. Ellos necesitaban recordar continuamente las obras de Dios para no desear volver a ser esclavos. Lo mismo tenemos que hacer nosotras: meditar en las obras de Dios para no quejarnos, no murmurar, no desear volver a ser esclavas de los temores que nos agobiaban, sino vivir en total libertad temiendo al Dios que nos ha liberado.

Nuestros corazones nos engañan con la mentira de que *las migajas* que recibimos del mundo son mejores que lo que Dios nos ha dado y lo que nos ha prometido. Nos engaña con la mentira de que, si tememos a las personas más de lo que tememos a Dios, tendremos mejores oportunidades, seremos populares, nos aprobarán y dejarán de rechazarnos. Es una mentira peligrosa, porque entonces estaríamos viendo a las personas más grandes y más poderosas que Dios. Es peligroso, porque estaríamos creyendo que las personas tienen más autoridad para dirigir el rumbo de nuestra vida. Es una carga muy difícil de llevar, porque no fuimos creadas para temer a las personas ni buscar su aprobación; fuimos creadas para la gloria de Dios y para reflejar su imagen en un mundo que no le teme, ni le honra. Reflejaremos su imagen con mayor claridad a medida que lo conozcamos más, crezcamos en el temor de su Nombre, nos deleitemos en Él y vivamos conscientes de que, por amor, nos ha hecho libres para amarle, estar cerca de Él y temerle solamente a Él, porque le conocemos.

Lo más maravilloso no es solo que podamos acercarnos a Dios porque le conocemos y tememos, sino porque somos conocidas por Él. No somos un número más, no somos un rostro más, una mujer más entre millones y millones de personas. Somos sus hijas: nos pensó, nos eligió, nos trajo a Él, nos tiene esculpidas en las palmas de sus manos, nuestro embrión vieron sus ojos, no pasamos desapercibidas a Él. No tuvimos necesidad de ocultar nada de nuestra vida para que Él fijara su mirada en nosotras. No tuvimos que cambiar nuestra forma de ser, ni usar máscaras delante de Él. No tuvimos que cambiar nuestra identidad para que Él nos aceptara.

Dios nos amó y nos dio su identidad. ¡Nos amó y nos conoció! Nos dio nombre: «Mío eres tú» (Isaías 43:1) y nos hizo para la gloria de su gracia. Puso su temor en nuestros corazones cuando nos dio nueva vida juntamente con Cristo. Nos selló como propiedad suya al darnos al Espíritu Santo y algún día volverá por nosotras. Volverá y nos llevará a aquella ciudad que tanto anhela nuestra alma, allá donde no hay más lágrimas, ni dolor. Allá donde habitaremos con Él en gloria… ¡Ven, Señor Jesús!

> *Lo más maravilloso no es solo que podamos acercarnos a Dios porque le conocemos y tememos, sino porque somos conocidas por Él.*

Te acercaste el día que te invoqué, dijiste: «¡No temas!».
LAMENTACIONES 3:57

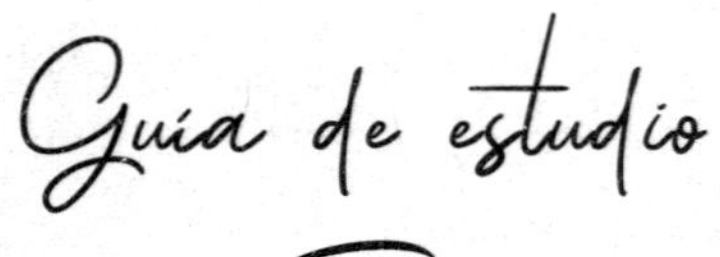

Capítulo 6: Vence el temor un día a la vez

El temor de Dios nos declara que somos sus hijas. Nos atrae y nos acerca a Él, quien nos ama y quiere que nos deleitemos en su presencia. Su temor nos acompañará por la eternidad y eso debe darnos esperanza al recordar que le pertenecemos y habitaremos con Él en gloria.

1. Expresa con tus propias palabras lo que entiendes por temor a las personas y por temor de Dios.

____

____

____

____

2. ¿Por qué el conocer a Dios te ayuda a no temer a las personas y a no buscar su aprobación?

____

____

____

____

3. ¿Cuál es la principal forma de conocer a Dios? ¿Qué dice Juan 5:39?

____

____

____

____

4. ¿Cómo has experimentado tu relación con Dios ahora que eres su hija? ¿Qué diferencia hay en la forma en que te acercas hoy a Dios, comparada con la forma en que lo hacías antes de conocerle?

____

____

____

____

____

5. Jeremías 32:38-41 nos da un mensaje de esperanza y afirma nuestra fe. Con tus propias palabras, escribe por qué el temor de Dios nos acerca a Él.

____

____

____

____

6. Describe de qué manera experimentas tu deleite en Dios. Si acaso ese deleite ha ido menguando, ¿de qué formas prácticas puedes volver a deleitarte en Él?

____

____

____

____

7. Dios no te ha dejado sola. ¿Cómo puede ayudarte la iglesia a recordar el evangelio y tu verdadera identidad, y a encontrar tu deleite en Dios? Lee 1 Corintios 12:12-17, 27.

____

____

____

____

8. Explica con tus propias palabras cómo se manifiesta el temer a Dios de manera falsa.

____

____

____

____

9. Explica con tus propias palabras cómo el evangelio —la obra de Cristo en la cruz— nos ayuda a temer de manera correcta a Dios.

____

____

____

____

____

10. En tres o cuatro oraciones, resume lo que aprendiste en este capítulo acerca de Dios, de Cristo y de lo que el Espíritu Santo está haciendo en ti.

____

____

____

____

____

____

11. Termina con una oración de alabanza a Dios por lo que ha hecho en tu vida.

Epílogo

Creciendo en el temor que sacia nuestra sed

La conclusión, cuando todo se ha oído, es esta: Teme a Dios y guarda Sus mandamientos, porque esto concierne a toda persona.

Eclesiastés 12:13

EXISTE EN MI mente un lugar que he imaginado desde que era niña, un lugar que se encuentra entre nubes y montañas. En ese sitio, existe una pequeña casa con dos habitaciones en las que se respira paz y tranquilidad. En la sala de estar, hay una chimenea que minimiza el frío del otoño y del invierno. Las ventanas de madera con cortinas ligeras dejan pasar la luz solar de manera tenue.

En la parte frontal de la casa, hay una terraza delantera con sillas de madera y una mesita construida con algunos troncos que tuvieron la fortuna de no ser usados para la chimenea; a ellos se les dio el privilegio de sostener las tazas con café humeante de todos los que se reúnen a conversar al aire libre. Desde esa terraza, se puede apreciar el enorme jardín con césped verde recortado que es hogar de muchas flores de diferentes colores y especies. Además, también es hogar de grandes árboles que brindan una sombra majestuosa; árboles que cantan y bailan al compás del viento, que acaricia el rostro de todos los que disfrutan de una buena charla en el frío otoñal.

Detrás de la casa, hay un pequeño huerto donde se cosechan frutas, verduras y legumbres, así como hierbas aromáticas y uno que otro chile rojo para la buena sazón. Corren sin detenerse gallinas que nos brindan el ingrediente principal del desayuno familiar. Pero, lo más hermoso y lo que cualquiera que visita ese lugar puede apreciar, son las enormes montañas que rodean ese hogar. Montañas llenas de árboles, pero tan altas que, en ocasiones, por las noches oscuras y llenas de estrellas, se cubren de nieve en la parte superior solo para deleitar a cualquiera con su inigualable esplendor.

Entre montañas y nubes siempre quise vivir. Tierra firme, con vegetación, con animales, con frío y viento; con olor a madera de los árboles que resguardan el camino que lleva fuera de esa utópica realidad. Ese era mi hogar ideal desde que era niña. No había maldad en él, no había dolor, no existía la muerte y, de hecho, parecía que ninguno de los que estábamos ahí envejecíamos.

Era un sitio en el que —en mi imaginación— podía convivir por horas y horas con personajes ficticios que vivían en completa armonía y amor. Todos éramos amigos, ninguno hacía daño a otro. No había peleas, nadie era superior, y lo entendíamos muy bien. En ese lugar al que visitaba en mi imaginación, todo es perfecto, no existe un ápice de maldad, todos conocen el valor de cada uno y hay respeto. No hay egoísmo, no hay orgullo y tampoco existe el temor. Los años pasaron, crecí y poco a poco me alejé de ese lugar. Aún recuerdo cómo llegar a él. Aún lo visito de vez en cuando y sigo admirando cómo todo está igual, sigue siendo un lugar tranquilo y en paz.

Sin embargo, la vida fuera de mi imaginación, la vida real, la que tú y yo vivimos, no es así. Entre unas y otras cosas, podemos ver que hay maldad, violencia y orgullo, y pareciera que los conflictos entre las personas son cada vez más constantes. Los efectos del pecado han sido devastadores en la humanidad a lo largo de la historia. Podemos gozar —solo por la gracia de Dios— momentos de tranquilidad y paz en medio de un mundo fracturado, pero eventualmente volvemos a encontrarnos con las consecuencias del pecado. Esa es la realidad.

El temor, ¿terminará?

Mientras estemos en esta tierra esperando el regreso de nuestro Salvador, el pecado seguirá presente en los corazones de todos sus habitantes. El temor, como vimos desde un inicio, se originó con la entrada del pecado, como consecuencia de él. Así que el pecado no terminará, por supuesto, y el temor a las personas tampoco lo hará. No obstante, al estar ahora en Cristo ya no somos presas de él.

Cuando experimentemos el temor a las personas, debemos recordar lo que nos dejó escrito el Señor Jesucristo: «Velen y oren para que no entren en tentación; el espíritu está dispuesto, pero la carne es débil» (Mateo 26:41). Juan Calvino en su comentario a este versículo bíblico explica claramente lo que necesitamos hacer cuando venga a nosotras, por ejemplo, la tentación de buscar la aprobación de las personas, de sentirnos tentadas a temerles. Juan Calvino dijo:

Velar y orar. Como los discípulos no se conmovieron ante el peligro de su Maestro, Él dirige su atención a sí mismos para que la convicción de su propio peligro los despierte. Cristo, por tanto, advierte que, si no velan y oran, pronto serán vencidos por la tentación. Como si dijera: «Aunque no se preocupen por mí, no dejen, al menos, de pensar en ustedes mismos; porque están en juego sus propios intereses, y si no se cuidan, la tentación los atrapará inmediatamente». Porque entrar en tentación significa ceder a ella. Y observemos que la manera de resistir que aquí se prescribe no es sacando valor de la confianza en nuestras propias fuerzas y perseverancia, sino, por el contrario, viene de una convicción de nuestra debilidad al pedir armas y fuerza de nuestro Señor. [...] Les recuerda que, aunque anhelen fervientemente hacer lo que es correcto, aun así, deben luchar con la debilidad de la carne y, por lo tanto, la oración siempre es necesaria.[1]

Sabiendo que el pecado nos acompañará hasta el día que bajemos al sepulcro, seguramente fallaremos más de una vez a lo largo de nuestra vida. Pecaremos. En alguna ocasión volveremos a temer a las personas más de lo que tememos a Dios. Probablemente, estaremos sedientas de la aprobación de otros en diversas situaciones y etapas de nuestra vida. El pecado, así como nuestros temores, no se quitan de nosotras como *por arte de magia*; no desaparecen de la noche a la mañana.

Quizá te estés preguntando: «¿Qué sucedió con los pecados en la cruz del calvario?». La Biblia nos dice: «Él mismo llevó nuestros pecados en Su cuerpo sobre la cruz, a fin de que muramos al pecado y vivamos a la justicia, porque por Sus heridas fueron ustedes sanados» (1 Pedro 2:24). Es verdad que los pecados fueron vencidos en la cruz del calvario con la muerte de Cristo y, por medio de esa muerte, los que hemos creído en Él para el perdón de nuestros pecados ahora somos libres.

Hemos muerto al pecado, pero el pecado no ha muerto porque no es una persona. El pecado no es algo que Dios haya creado; no tiene vida como tal. Cristo venció en aquella cruz los pecados que nos acusaban delante de Dios y que nos hacían merecedoras de la muerte eterna; esto quiere decir que Dios ya no nos ve como pecadoras merecedoras de su ira, sino como escogidas, santas y amadas por Él.

No obstante, aunque los pecados ya no nos alejan de Dios, no fueron extirpados de nosotras, porque no es algo que esté materializado. El pecado es la ausencia de bondad en nosotras y aún

---

1. https://biblehub.com/commentaries/calvin/matthew/26.htm (traducción mía).

se manifiesta en algunas ocasiones; más de lo que quisiéramos. Por eso podemos decir como el apóstol Pablo: «¡Miserable de mí! ¿Quién me libertará de este cuerpo de muerte?» (Romanos 7:24). La naturaleza pecaminosa con la que nacimos (Salmos 51:5) aún la tenemos; y la tendremos hasta el día que bajemos al sepulcro o hasta que Cristo venga por su iglesia.

El pecado nos acompañará hasta la muerte. No terminará mientras sigamos en este cuerpo que aún no ha sido glorificado. Estará en nosotras y eso es algo inevitable. Sin embargo, como hijas de Dios, tenemos la responsabilidad de perseverar en nuestra santificación. Con ayuda del Espíritu Santo y nuestra familia en Cristo, podemos hacerles frente a esos pecados que antes nos derrotaban y esclavizaban. Entre ellos, el temor a las personas.

Quiero animarte y hacerte saber que es posible crecer en el temor de Dios y aminorar el temor a las personas. Yo también estoy creciendo en el temor de Dios, un día a la vez. Gracias a Dios y a la obra del Espíritu Santo, ahora soy más consciente de las veces que hice —o dejé de hacer— algo por temor a las personas.

Poco a poco he aprendido a pensar cuál es la motivación de mi corazón antes de actuar; y, cuando dudo, siempre recurro a mi esposo y a mi mejor amiga para pedir su opinión y oración. Más de una vez, ellos han sido la voz de Dios a mi vida para mostrarme que lo que estoy por hacer, decir o escribir, es motivado por el temor a las personas más que para la gloria de Dios. Aún lucho con esa insaciable sed de aprobación que se presenta en mi vida cuando olvido quién soy para Dios, por medio de Cristo, así como me ocurrió aquella tarde que subí a la plataforma para dar la enseñanza a las mujeres, buscando la aprobación de mis pastores.

Aún hay momentos así. Aún busco en ocasiones agradar más a las personas que a Dios. Pero hay esperanza, hay perdón y ya «no hay condenación para los que están en Cristo Jesús, los que no andan conforme a la carne, sino conforme al Espíritu» (Romanos 8:1). Ese Espíritu que mora en los hijos y las hijas de Dios.

¿Cuándo fue la última vez que tuviste temor a las personas? Te puedo asegurar que esos temores, que antes nos esclavizaban, seguirán manifestándose con toda su furia delante de nosotras para golpearnos con toda su fuerza. Podrán derribarnos. Podrán dejarnos de rodillas y con las manos en el piso. Pero ahora que estamos en Cristo, esos temores no nos dejarán "en la lona", ni nos esclavizarán nunca más. Le pertenecemos a otro Rey, obedecemos a otro Señor, servimos a un Amo superior. Somos las mismas mujeres que nacimos de nuestros padres terrenales, pero con una nueva identidad, una nueva vida y un nuevo destino final. Estamos en este mundo, pero no pertenecemos a él. Estamos solo de paso. Vamos rumbo a nuestra morada final.

> *Somos las mismas mujeres que nacimos de nuestros padres terrenales, pero con una nueva identidad, una nueva vida y un nuevo destino final.*

El pecado nos acompañará el resto de nuestras vidas. Será evidente en la vida de los demás también. El mundo seguirá siendo azotado por las consecuencias de la caída, pero eso, lejos de desanimarnos, debe darnos esperanza en la promesa de la resurrección y debe llevarnos a anhelar la segunda venida de Cristo. En Él estamos seguras; en Él confiamos. La Palabra de Dios dijo que vendría y vino. Él dijo que moriría y murió. Dijo que resucitaría y resucitó. Y, finalmente, dijo que volverá, y ahí descansa nuestra esperanza. Sus promesas se han cumplido. No ha faltado a ninguna de ellas.

Temor eterno

Aún vivimos en un mundo en el que hay evidencia de que la maldad aumenta cada día. Pero, también, cada día vemos más evidencia de la gracia de Dios en personas que han entendido que el evangelio son buenas noticias para su vida en esta tierra y en la eternidad.

Probablemente, aquel lugar entre nubes y montañas que imaginaba cuando era niña, aquel lugar donde no había maldad, solo era un anhelo de la eternidad que está plantada en mi corazón (Eclesiastés 3:11). Se nos ha prometido esa eternidad a todos los que hemos creído en la esperanza de la resurrección en Cristo, porque escrito está:

Pero ahora, habiendo sido libertados del pecado y hechos siervos de Dios, *tienen por su fruto la santificación, y como resultado la vida eterna*. Porque la paga del pecado es muerte, pero *la dádiva de Dios es vida eterna en Cristo Jesús* Señor nuestro (Romanos 6:22-23, cursivas añadidas).

Por su gracia y bondad hemos recibido la vida eterna. Algún día estaremos habitando en aquella ciudad de la que Juan escribió en Apocalipsis. Aquella ciudad en la que se nos dice que: «El tabernáculo de Dios está entre los hombres, y Él habitará entre ellos y ellos serán Su pueblo, y Dios mismo estará entre ellos. Él enjugará toda lágrima de sus ojos, y ya no habrá muerte, ni habrá más duelo, ni clamor, ni dolor, porque las primeras cosas han pasado» (Apocalipsis 21:3-4).

Cuando estemos con Él en gloria, todo lo que se corrompió en la caída con la entrada del pecado, toda distorsión con la que vivimos en esta tierra, ya no existirá. Todo temor que ahora nos lleva a huir y a olvidar nuestra identidad; el temor que nos impulsa a pecar, a mentir y a poner en riesgo a otros; el temor que nos hace ver a otras personas como más dignos de temer que a Dios; algún día terminará. ¡No habrá más temor que nos lleve a buscar la aprobación de nadie!

El único temor que permanecerá y durará por siempre y para siempre, será el temor de Dios. Ese temor nos acercará a Él, nos hará anhelarlo y nos llevará a deleitarnos en Él, a querer adorarlo y a conocerle más. Ese temor nunca se quitará de nosotras; continuará hasta la eternidad. Escrito está:

> «*Teman a Dios* y den a Él gloria, porque la hora de Su juicio ha llegado. Adoren al que hizo el cielo y la tierra, el mar y las fuentes de las aguas» (Apocalipsis 14:7, cursivas añadidas).

Todos juntos alabaremos diciendo:

> «¡Grandes y maravillosas son Tus obras, oh Señor Dios, Todopoderoso! ¡Justos y verdaderos son Tus caminos, oh Rey de las naciones! ¡Oh Señor! *¿Quién no temerá y glorificará Tu nombre?* Pues solo Tú eres santo; porque TODAS LAS NACIONES VENDRÁN Y ADORARÁN EN TU PRESENCIA, pues Tus justos juicios han sido revelados» (Apocalipsis 15:3-4, cursivas añadidas).

Al adorarlo escucharemos una voz que sale desde el trono, diciendo:

> «Alaben ustedes a nuestro Dios, todos ustedes Sus siervos, *los que le temen*, los pequeños y los grandes» (Apocalipsis 19:5 cursivas añadidas).

¡Gloria a Dios! ¡Bendito sea su Nombre! Demos gracias a Él por su bondad y misericordia para con nosotras que nos permitirá escuchar su voz desde el trono.

Señor, mi Dios, esto pido en oración: que el amor de todas nosotras abunde aún más y más en conocimiento verdadero y en todo discernimiento, a fin de que escojamos lo mejor, para que seamos puras e irreprensibles para el día de Cristo; llenas del fruto de justicia que es por medio de Jesucristo, para la gloria y alabanza de ti, oh Dios (ver Filipenses 1:9-10). Ayúdanos a temer más tu Nombre mientras nos deleitamos más en ti y en tu Hijo Jesucristo sobre quien reposa «el Espíritu del Señor, Espíritu de sabiduría y de inteligencia, Espíritu de consejo y de poder, Espíritu de conocimiento y de temor del Señor. Él se deleitará en el temor del Señor, y no juzgará por lo que vean Sus ojos, ni sentenciará por lo que oigan Sus oídos; sino que juzgará al pobre con justicia, y fallará con equidad por los afligidos de la tierra» (Isaías 11:2-4).

Deleitémonos en el temor del Señor, como lo hizo Jesucristo, desde ahora y para siempre. ¡Ven, Señor Jesús! ¡Anhelamos tu regreso! Amén.

....

El único temor que permanecerá y durará por siempre y para siempre, será el temor de Dios.

....

Agradecimientos

En diversas ocasiones he mencionado que escribir es un arte que se hace en solitario. Puedes estar rodeada de personas al momento que estás plasmando las ideas en un papel, pero nadie interviene en el proceso de escritura. No obstante, después de que las letras por fin han hilado las ideas que quieres transmitir al mundo, entonces muchísimas personas son parte del proceso.

Estas personas llevan plasmada en ellas la imagen de Dios y han sido dotadas de talentos y habilidades para cumplir un propósito en esta tierra. ¿Cómo no agradecer a quienes intervienen en la labor de sacar a la luz letras que nacieron en un corazón? Quiero dar gracias a cada uno, desde mi lector cero hasta aquel que apila los libros en una bodega, donde esperarán pacientemente hasta salir rumbo a su nuevo hogar para ser leídos por unos nuevos ojos, con un nuevo corazón. Gracias, sinceramente.

Gracias, mi **Dios Trino**, que te dejas conocer, amar y temer. Gracias, porque te pertenezco y nada ni nadie puede cambiar eso. Eres suficiente, gracias por tanto amor. Tu Nombre sea glorificado.

No quiero dejar de mencionar los nombres de las personas que participaron directamente en este libro. *El temor y nuestra sed de aprobación* no estaría en nuestras manos si no fuera por su ayuda, dedicación y tanto amor demostrado a mi persona, pero aún más a que el mensaje del evangelio sea proclamado.

Gracias, **Jackie Saldaña y Tito Mantilla**, por su amabilidad, calidez y profesionalismo con los que me abrieron las puertas a esta casa editorial. Aún me maravillo de la providencia y gracia de Dios para con sus hijos. Mi gratitud y cariño, siempre.

Debbie Vila, ¡eres una experta! ¡Te admiro tanto! ¡Cuánto aprendí de ti en los meses que, con paciencia, gracia y dulzura, leíste, puliste y apreciaste las palabras que escribí! Gracias por tu cariño, por tu hermandad y amistad. Quiera Dios darme la oportunidad de conocerte en persona en este lado de la gloria. Mi admiración, gratitud y cariño para ti, siempre.

Agradezco a Dios por cada persona que oró por este libro y por mí mientras lo investigaba y escribía. En especial, gracias a la iglesia de la que soy miembro, **SOMA Querétaro**, por sus oraciones. Gracias a mis hermanos Atanasio Segovia, Jimena Aguilar y a toda la familia en Cristo que Dios ha tenido a bien darme en este pequeño rincón de la tierra, por sus oraciones y por recordarme todos los días que el evangelio lo cambia todo. Dios ha sido bueno.

Gracias a mis hermanos **Daniel Puerto, Rudy Ordoñez, Atanasio Segovia, Cathy Scheraldi de Núñez, Liliana Llambés y Nedelka Medina** por brindarme el tiempo para leer el manuscrito y honrarme con su endoso. Lo atesoro en mi corazón, mil gracias.

Gracias, mi querido **Justin Burkholder**. Tu vida, tu ministerio y tu vida en familia han ofrecido un ejemplo para mi esposo y para mí. Gracias por escribir el prólogo a este libro. Significa muchísimo para mí. Sabes que eres muy querido en México por esta familia Fernández. Te llevamos en el corazón. Mil gracias, mi hermano.

Mi gratitud enorme y por siempre a mi madrina amada **Nedelka Medina**. Mi amiga, Dios te usa de maneras sorprendentes. Solo Dios pudo orquestar la historia de nuestra amistad y de ver hoy un sueño más cumplido por medio de las oraciones respondidas. ¡Te quiero muchísimo!

Gracias, mi amado **Jorge Carlos**, por afirmarme en Cristo, por recordarme que en Él estoy completa, por asegurarte de que florezca siempre. Gracias a mis hijos, **Daniel, Santiago y Matías,** quienes me acompañan en muchas de las horas de escritura y han aprendido a estar a mi lado disfrutando de estos tiempos también. Son un reflejo tangible de la gracia de Dios en mi vida. Los amo, eternamente.

Gracias a ti por leer y ser parte de este caminar. Dios permita que sea de bendición y edificación a tu vida. Que el temor a Dios te recuerde que le perteneces y que la esperanza del regreso de Cristo sea más anhelada por ti. ¡Mil gracias! Dios te bendiga.

Acerca de la autora

Karla de Fernández es una mujer mexicana, hija de un campesino que le enseñó a leer y escribir antes de cumplir los cuatro años, y de una mujer que cantaba mientras cocinaba para su familia. Karla es esposa y madre a tiempo completo. Es licenciada en Finanzas, pero ha descubierto que su vocación es el hogar, donde ha tenido la oportunidad de discipular, junto a su esposo, a sus hijos en el evangelio y ser testigo en primera fila de la gracia de Dios en ellos.

De manera artesanal, Karla escribe libros y artículos que apuntan al gran Libro y la gran historia de la Redención. En sus escritos, habla a las mujeres, tanto solteras como esposas y madres de familia, porque ha visto la imperante necesidad que tienen de conocer su identidad en Cristo. La mayor parte del tiempo, Karla ha escrito sus libros desde su cocina, rodeada de canciones, gritos de niños que entran y salen para jugar, los sonidos de la olla exprés, la lavadora y las fiestas de los vecinos.

Un día normal para ella se conforma entre alimentar niños, limpiar rodillas sucias, sonar narices mocosas, besar frentes sudorosas, enseñar el evangelio en lo cotidiano, fotografiar a sus hijos, el cielo y las nubes, lavar mucha ropa, preparar café con canela y leer la Biblia y buenos libros en compañía de su esposo.

En diferentes sitios en la web, Karla escribe sus memorias para no olvidarlas; pero, principalmente, en www.somossoldados.org donde dirige las Iniciativas Femeninas del ministerio proporcionando artículos y recursos de sana doctrina para las hermanas de habla hispana. Puedes encontrarla en las diferentes redes sociales.

Facebook: https://www.facebook.com/kardefernandez
Instagram: https://instagram.com/kardefernandez
Twitter: https://twitter.com/karlowsky
Blog: https://karlowsky.substack.com